心理自助译丛

挑战你的成见

CHALLENGING
YOUR PRECONCEPTIONS
Thinking Critically about Psychology

心理学批判性思维
（第二版）

[美]伦道夫·A·史密斯（Randolph A. Smith）/ 著

方双虎 王维娜 等/译

中国人民大学出版社
·北京·

致 Corliss（科利斯）——感谢您的支持、启发和鼓励。

心理学需要批判性思维,生活也需要批判性思维。许多老师在课堂上试着教授批判性思维,并且希望能将其应用到现实世界中。我一直试图写本书帮助他们完成这个任务。该书的关注点是将批判性思维用在具有争议的、令人困惑的并且有趣的心理学问题中。因此,它并不是在真空的环境中,而是结合情境、语境教授批判性思维,正如标题所示,本书旨在通过激励人们去努力避免先入之见,因为这种先入之见往往会阻碍批判性思维。

虽然最初本书被设计为心理学入门课程的教参,但是,它也可用作单独的教材或其他课程的教参或自学读物。第一章介绍了批判性思维的准则,这构成了本书的框架。之后的每一章都对应最传统的入门教材的章节。在这些章节中,通过检验一些人陷入自己的先入之见时所发生的违反批判性思维的地方,人们会再次了解批判性思维的准则。"思考先入为主的观念"这一部分是介绍一些方法来批判性地思考隐藏的概念。最后,每章中的"批判性思维练习"是让人们在假设的情境下测试他们的技能。

每章的标题及其内容如下:

第1章(批判性思维准则):绪论

第2章(心理学与大众传媒):如何批判地阅读心理学文章

挑·战·你·的·成·见
前　言

第 3 章（统计的诱惑）：统计与研究

第 4 章（解剖学是主宰命运的力量吗?）：行为的生物学基础

第 5 章（眼见真的为实吗?）：感觉和认知

第 6 章（催眠能帮助我们唤回记忆吗?）：改变意识的状态

第 7 章（条件反射和广告效应）：学习

第 8 章（记忆偏差）：记忆

第 9 章（智商永不改变吗?）：测验

第 10 章（认识自己的动机）：动机

第 11 章（评价共同依赖现象）：变态行为

第 12 章（阅读疗法真的有效吗?）：疗法

第 13 章（社会影响策略）：社会心理

感谢

特此感谢对本书提供帮助并且作出贡献的人们。首先要感谢的是韦恩·魏坦（Wayne Weiten），他帮助我一起构思了这本书，鼓励我写下去并且一直给我提供观点和反馈。

和沃兹沃斯的职员们合作得很愉快。我十分珍视出版商艾迪斯·比尔德·布拉迪（Edith Beard Brady）以及项目副经理艾丽卡·希尔斯坦（Erica Silverstein）给予第二版的建议和反馈［克莱尔·维杜恩（Claire Verduin）对第一版给予了建议和反馈］。玛丽泰斯·谢（Maritess Tse，编辑助理）、乔安妮·特里哈尔（Joanne Terhaar，销售经理）、鲍伯·考瑟尔（Bob Kauser，特许销售经理）和莉萨·韦伯（Lisa Weber，项目经理）也在他们的

前言

专业领域中提供了珍贵的帮助。

在我的学校里，我要特别感激奥奇塔浸会大学图书馆的贾尼斯·福特，她通过馆际合作为我获取了许多参考资料。

该书也受益于两家出版社的书评家们。感谢史蒂文·伯曼（Steven Berman，佛罗里达国际大学）、布莱恩·范提（Bryan Fantie，美国大学），布拉德·莱德伯恩（Brad Redburn，约翰逊社区学院）以及克丽丝·韦策尔（Chris Wetzl，罗德学院）对于本次修订的帮助。我还要感谢德鲁·艾伯比（Drew Appleby，印第安纳&普渡大学）、巴尼·贝恩斯（Barney Beins，伊沙卡学院）、詹姆斯·卡尔霍恩（James Calhoun，佐治亚大学）以及杰克·科什巴姆（Jack Kirschenbaum，富勒顿学院）对于本书第一版的书评。

除了对于本书总体贡献出观点和投入的韦恩·魏坦之外，还有三个人给予某些特定章节以全面的帮助。感谢克莉丝·斯帕兹（Chris Spatz）提供第3章中的知识，凯瑟琳·费齐登（Catherine Fichten）提供的信息帮助我完成第2章，杰拉尔德·罗森（Gerald Rosen）为第12章提供了信息。

最后，我要感谢帮助发展我的批判性思维技能的人们。休斯敦大学和得克萨斯理工大学的心理学教授给我指出了正确的方向。美国心理学协会第二分组的同事们多年来一直给予我灵感和信息。沃希托河的一位同事，兰德尔·怀特（Randell Wight）鞭策我从一种全新的视角思考问题。另外，最后要感谢我的批判性思维的榜样，简·哈洛宁（Jane Halonen）和黛安·哈尔彭（Diane Halpern）——你们实在是太了不起了！

致学生

为什么要阅读一本关于批判性思维和心理学的书籍呢？你当然会认为大部分心理学教材已经包含了所有的信息。为什么还要给你的心理学课程增添更多书籍呢？在众多可能的原因中，我认为有三点尤其有理有据。

第一，为了取得良好的成绩，你必须有能力去批判性地思考问题。批评美国教育体制的评论家们声称，在教育学生方面，尤其是在思维领域上，我们落后于其他国家。例如，国家优质教育委员会（1983）评定了美国教育的现状，注意到"许多17岁学生并不具有我们对其所期待的'高级'智力技能。近40%的学生不能由书面材料进行推论……"（p.9）20世纪80年代发布的一些主要报告主张，为了与世界其他国家竞争，美国必须强调批判性思维技能的发展（Brookfield，1987）。直到20世纪90年代，美国也没有交出更好的成绩单。这种对批判性思维的需求是如何影响你个人的？批判性思维技能能确保你具有竞争性并胜任工作。无论你从事哪种职业，"改变"可能是用以描述未来职业的最重要的词了。今天进入大学的学生被告知一般工作人员都会跳几次槽。事实上，很可能许多当代学生最终的职业是目前尚未存在的领域。在这样一个高度变化的环境下，良好的思维

挑·战·你·的·成·见
致学生

能力将比你在学校里学到的任何一个特定技能或信息要更有用处。

第二，在这个"信息大爆炸"的时代里能够批判性地思考对你来说是很重要的。今天，我们产生新信息的速度要比以往快得多。如沃尔曼（Wurman, 1989）所言，我们可用的信息总量大约每五年就要翻一番。新信息并不都是正确、有益或有用的。因此，你必须有能力去伪存真——并且迅速地去做。第一章中所展现的批判性思维准则在这一问题上会助你一臂之力。我希望你能观察批判性思维者所做的事情，并且在自己思考时模仿他们的行为，进而能从中汲取知识。如果你这样做，那么你就会获得一种使你受益终生的教育模式。

第三，现代生活使我们遭受着心理学问题的残酷肆虐，所以，能够批判性地思考心理学问题和观点便显得尤为重要。生活中，我们遇到的许多实际问题——诸如应对压力、改善人际关系或识别人们的动机，事实上都是心理学问题。为了有效解决这些问题，你必须使用批判性思维技能。本书中，我们将细查许多富有争议的问题以及一系列令人着迷的研究结果，而所有这些都属于心理学的领域。在每一章里，你会看到有关某一特定话题的信息，并且你会利用第1章里的准则去批判性地评价细节。你要担负起这份工作——没人说过批判地思考是件容易的事——但是你会发现这份工作富有挑战性且能够增进知识。例如，找出一个论据背后隐藏的先入之见就像一个律师发现证人证词中的漏洞一样令人激动。每章结尾都留有问题和作业，这样可以帮助你在没有他人按照必要的步骤指导你的情况下学习如何批判性地思考。

挑·战·你·的·成·见
致学生

　　让我们进入第 1 章，找出批判性思想家要做些什么才能使得他们成为高效率的思想家和解决问题的高手。以他们为榜样，你就能大幅度地提高批判性思维技能。

目录

第 1 章　批判性思维准则 / 1

第 2 章　心理学与大众传媒 / 15

第 3 章　统计的诱惑 / 27

第 4 章　解剖学是主宰命运的力量吗？/ 46

第 5 章　眼见真的为实吗？/ 60

第 6 章　催眠能帮助我们唤回记忆吗？/ 75

第 7 章　条件反射和广告效应 / 90

第 8 章　记忆偏差 / 105

第 9 章　智商永不改变吗？/ 118

第 10 章　认识自己的动机 / 132

第 11 章　评价共同依赖现象 / 145

第 12 章　阅读疗法真的有效吗？/ 160

第 13 章　社会影响策略 / 174

译后记 / 189

第 **1** 章
批判性思维准则

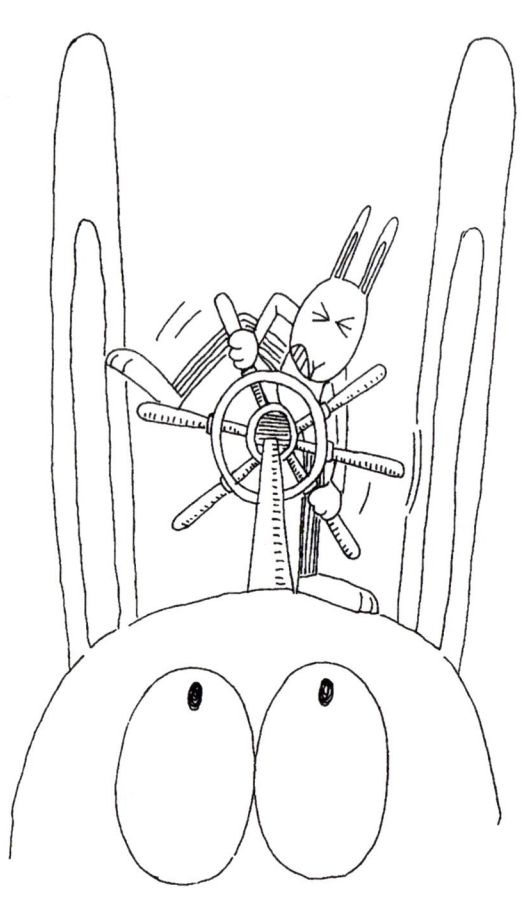

挑·战·你·的·成·见
第1章 批判性思维准则

你们可能会纳闷这本书为什么以批判性思想家如何思考来开篇。人们真的用不同的方式去思考吗？难道我们想的都一样吗？多年以来心理学家们一直问着类似的问题。

一些心理学家已经相信，我们都用相似的方式去思考。让·皮亚杰，一个著名的发展心理学学家，他设想把批判性思维作为认知能力发展中的一种自然产物，使儿童的思维过程成熟并更成人化。在皮亚杰看来，儿童通常在11岁的时候开始从认知发展中的具体运算阶段向形式运算阶段转变（Renner，1976）。这一转变使儿童的思维超越了需要操作具体对象的阶段。思维的形式运算阶段允许孩子去设想一个并非自己所经历的崭新的世界，去假定对象和事件之间的关系，并且审视自己的思维。皮亚杰认为形式运算思维是目前最先进的思维模式，并且它对批判性思维来说也是至关重要的。

皮亚杰认为多数人在16岁的时候完全进入形式运算阶段，然后才具有抽象思维和批判性思维的能力。然而，研究表明这个论断可能过于乐观。国家优质教育委员会（1983）发现许多17岁的人还缺乏较高级的思维能力。麦金农（McKinnon，1976）对七个大学的185名大一新生进行的测试发现，只有42.7%的人在形式运算阶段下进行思维活动。迈尔斯（Meyers，1986）写道，许多中年人至少在一些领域中仍然用具体运算思维工作。这些数据意味着许多人在具体思维水平下思考，这样会使得有效地运用批判

挑·战·你·的·成·见
第1章 批判性思维准则

思维变得更加困难。

因此，这表明皮亚杰错了，我们并没有用同样的方式思考。看来，有些人发展了更高级的思维能力，使他们能够批判性地思考，而其他人却不能。是什么使高能力批判思想家与众不同的呢？你们将在这一章里找到答案。

研究表明，专家能解决初学者不能处理的问题，是因为专家有先进的知识并且在专业领域里有更多经验（Halpern，1996）。我希望这本书能让你了解并实践批判性思维，帮助你在批判性思维上变得更专业。这本书在心理学的理论基础上，提出了批判性思考这个学科的必要性。

到这里，我还没给你下批判性思维的定义，所以当你查阅不同资料的时候你会发现不同的观点。为此，我将把批判性思维定义为一个合乎逻辑并合理的过程，通过搜集证据，考虑和评估备选方案来避免一个人的先入之见，然后得出结论。为了详述这一定义，我们仔细观察了一些批判性思维的准则。

批判性思维的准则

为了设计出这个目录，我咨询了许多批判性思维领域里的专家，并参照了批判性思维者的相关描述。我制定了一个意见统一的目录——这是由几个作家所提到的特点组成的，尽管他们的术语稍微有所不同（Bransford & Stein, 1993; Brookfield, 1987; Halonen, 1986; Halpern, 1996; Mayer & Goodchild, 1990; Wade & Tavris, 1990）。

挑·战·你·的·成·见
第1章 批判性思维准则

1. 批判性思维者是灵活的——他们能容忍模棱两可和不确定性。

简言之，批判性思维者的思想是开放的。要成为一个批判性思维者，通常要求避免对世界的整齐分隔，克制对复杂问题的非黑即白分析。如果你喜欢神秘的事物和错综复杂的事物并想继续深入探究，那么你就要具有批判性思维者的某些重要特质。夏洛克·福尔摩斯以及电影和电视节目中那些虚构的侦探往往能够解决案件，是因为他们能很好地处理不确定性，而不是将思维跳跃到看似显而易见的结论，他们仍然坚持开放的态度，并继续寻找更多的线索和犯罪嫌疑人。批判性思维者倾向于探究和检验他们的观点和论断。我们中的许多人都强烈渴望解决那些最有机会解决的案件（以及我们的想法）。在你听到一些"或此或彼"的复杂的心理学问题时（例如用遗传或环境来解释行为），一定要记住这一点。

2. 批判性思维者能识别固有的偏见和假设。

我们经常能遇到存在着大量偏见和假设的声明和主张（广告宣传就是主要的例证）。你可能会记得人们发表的某些声明伴随着你长大。例如："所有享受福利的人是懒惰的和欺骗政府的。如果他们愿意，他们就可以获得工作机会。"当你不断长大并能批判性地看你周围世界的时候，你可能会质疑此类声明。也许你会意识到发表那些声明的人们在努力工作的同时还怨恨着不断增长的税收负担，他们似乎已经能够理解有些人通过福利制度来欺骗政府。这个信息给了你必要的背景知识去了解接受福利的人们所具有的普遍性。因此，你会意识到人们的信念和经验在他们的

偏见和假设中扮演着多么重要的角色。大多数而并不是所有的声明（即使是你的）都存在着偏见和假设。偏见和假设并不一定是错的，但我们应该警惕这种可能性。发展理论的心理学家（和其他科学家）在提及有关他们喜爱的理论的研究数据时就可能存在着盲点。

3. 批判性思维者保持一种怀疑的态度。

当你还是个孩子的时候，你可能会相信别人告诉你的大部分事情。还记得你曾听说吃蔬菜能使你长高长壮吗？随着你不断成长，你会变成一个更具有批判性的信息消费者。当你再次听到关于蔬菜的这些言论的时候，你可能会用"真的吗？"或"是吗？"来回答，因此你开始用自己的方式来质疑世界。当你再长大一些的时候，你会变得更加富有经验并且会想要一些关于蔬菜利于健康的证据，也许会要求"证明它！"，虽然不经常使用这种证明，但我们通常会伴随着年龄的增长而发展这种怀疑的态度。

我们多次质疑信息和观点的情况仅发生在它们并不符合先入为主的观念的时候。要成为一个批判性思维者，我们必须保持一种怀疑的态度，即便是对于赞同的观点，我们仍要培养自己质疑那些由政客、庸医和脱口秀节目主持人，甚至由我们喜欢并且尊敬的人提出的声明和主张。心理学家和老师也应具有这个概念——如果你质疑在书上读到的和在班上听到的一些观点和理论，你将会学到更多的有关心理学的知识。如果你现在只有4岁或者5岁，你会知道小孩子通过发问来更加了解世界。如果我们批判性地质疑，那么这也同样适用于成年人。通常我们发现错误的唯一途径就是去质疑这件事。因此，科学最重要的部分就是自愿的自我纠正——去寻找错误并通过努力更正它们。

4. 批判性思维者区分见解和事实。

科学家和非科学家之间的最大不同在于做决定时是否需要证据。你可能记得曾试图用自以为是的观点——"我在外面待到很晚没有关系——所有的人都是这样的。"——来说服你的父母允许你在外面待到比平时更晚。当你的父母质疑你的证据的时候，你得承认所谓"所有的人"其实只是你最好的朋友和你曾听说的某些其他青少年。你想在外面待到很晚的愿望使你混淆了事实。当我们得出有关经验主义的结论时，我们需要依靠科学的证据。科学家们力求客观，心理学家使用了科学方法，例如图书馆和领域研究中的数据搜集。

许多修心理学课程的学生倾向于依靠个人经验而并非科学证据。因此，在与其个人经验相矛盾的时候，学生通常很难处理好心理学上的一般问题。然而我们应该记住被孤立的事件不可能与一般发现相一致。人们普遍能够更好地依靠来自不同场合和个人的事实，而不是基于我们所持有的或是从别人那得到的见解而形成结论。在我们处理棘手的问题时，为了依靠事实而不是个人见解，我们必须保持情感上的公正。情感参与往往使我们在一个自以为是的立场上去争论。特别留意有关讨论研究方法和统计的介绍心理学的文章的前言部分——这些信息将会在区分个人见解和事实上给你带来很大帮助。

5. 批判性思维者不会过于简单化。

虽然简单的行为解释很吸引人，但是它们通常会过于简单而不确切。世界是一个复杂的地方，除了某些例外情况，其中复杂的因果关系都是规则。由于这种复杂性，我们在回答问题的时候必须超越简单和明显的选择。避免过分简单化，要求我们去发散式思考——去想象和探索可供选择的解释。用发散的方式思考有的时候很困难，因为很多教育方法已经培养我们进行重复性思考——磨砺出一个正确的答案。当我们进行批判性思考的时候，必须认识到可能有超过一个正确回答问题的方式。例如，也许你可能已经向一所大学发出了申请，而这个大学却因为对你的SAT或者ACT考试分数有意见而拒绝了你。这种经历是十分令人沮丧的，因为你相信你的大学的评分等级应比一个标准测试的分数能反映得更多。大学董事会只依靠考试分数来确定录取就是过于简单化思维所犯的错误。虽然仅使用考试分数很容易做出决定，但是这些大学可能流失了许多高素质的学生，这些学生在标准测试中表现并不好，有的在考试那天状态很糟糕，有的因为一些原因考的分数低了。这就是为什么许多大学使用多种标准来录取学生。同样地，大部分（甚至是全部？）心理学的特性和行为太复杂而不能用单一的变量来解释。你应注意那些过分简单化的解释。

6. 批判性思维者使用逻辑推断过程。

在我们间接提出假说的时候需要根据信息来做出推断。布兰斯福德（Bransford, 1993）、斯坦（Stein, 1993）和哈尔佩恩（Halpern, 1996）指出，别人跟我们说话的时候，我们要做出大量的推断去理解他。当莎莉告诉你，她晚上9点钟就睡觉，即使她平时的就寝时间在午夜，你都会做一些推断——她可能过于劳累，可能感到不舒服或者她可能早上要早起。这些就是逻辑推理。因为它们合理地遵循所提供的信息。可以不合逻辑地推断，

挑·战·你·的·成·见
第1章 批判性思维准则

莎莉累是因为她的力量被外太空的射线削弱了。这个推断是合理的，但不一定是可信的。

批判性思维者使用逻辑推断过程，并且去查看其他人是否也做逻辑推断。许多声明和结论的不一致性往往标志着不合逻辑推断的产生。如果一个论断是基于不合逻辑的推论，那么这个论断不可能是准确的或令人信服的。在你的心理学课程中，如果一个结论从逻辑上看起来不符合所提供的证据，那么不要继续读下去。停下来，重新阅读信息并且思考它。如果有必要的话，请你的老师运用相关的逻辑方法帮助你理解。通过实践，你将会在逻辑推断上做得更好。

7. 批判性思维者在得出结论之前要检验有效的证据。

有影响力的批评性思想家推崇去探讨不同信息来源的必要性。如果我们只调查到一种信息来源，我们可能会陷入一组特定的偏见假设中。一般，通过不同的立场可以很容易地发现某一特定立场中的潜在偏见。一旦我们检验到许多来源，那么我们就能用一种聚合性的方式思考问题。在筛选有效的证据时，我们希望能找到大量倾向于一种可能得出的结论的证据，以便我们能够下决心支持它。你的教科书作者将为你做大量的工作——例如，你将有可能阅读到许多关于人格或变态行为的理论。

然而你要记住：一种观点或者立场不可能自动地从所有其他的观点或立场中脱颖而出。作者通常不能告诉你哪种理论是"正确的"，批判性思维不能保证我们能够排除所有其他选项而得出正确的那一个。如果批判性思维者允许我们排除一种或者更多的选项，那么我们就会获得更重大的进步。

挑·战·你·的·成·见
第1章 批判性思维准则

结论

即使在通过批判性思维得出结论之后，好的批判性思维者也认为他们必须继续坚持这七条准则，以防止新的先入之见以及盲目地选择观点。在做出决定后保持一个开放思想的理由相对简单，但非常重要："事实"可以随时间的变化而变化。这一点可能不符合你有关大部分生活事实的看法。然而，"事实"只有在某个时间点才能代表真理。思考一下在整个历史过程中被反驳的各种"事实"：太阳绕着地球转，水蛭被用于吸血来帮助人们从各种疾病中康复，人不能飞，还有太空旅行是不可能的。回顾这些早期的观念，并且嘲笑当时的人是多么的愚蠢很容易。但50年或100多年后，那时人们可能也会同样嘲笑我们。心理学中的"事实"也会随着时间而发生改变，同样地，你将会在你的研究学科中发现这个规律。因而，可以想象的是你在当前心理学课程中掌握的"事实"将会在25年、10年甚至是5年后被摒弃。

事实会被淘汰的这种观念强调了批判性思维的重要性。批判性思维不会教会你一套事实。相反，它给你提供了一种思考现实的方式，并且测试那些事实，确定它们是否充分。因此关于任何论题的批判性思维会一直继续下去。甚至当确信已经获得了一种正确的答案或者解释的时候，我们仍可以随着搜集到的新信息继续去质疑它。批判性思维是一个终身学习的过程——一个不会停止的、动态的、持续的进程。我要求你们采用一种严谨的批判性思维方式，不仅仅为了你的心理学课程和心理学专业信息，还贯

挑·战·你·的·成·见
第1章 批判性思维准则

穿你整个人生。医疗索赔、你的工作和政治的选择，仅举几例，都是迫切需要进行批判性分析的艰巨的事。

我们都是面对问题时拥有先入之见的典型，批判性思维对于检测这些先入之见是必要的。当我们仅仅重申先入之见时，并没有批判性地思考。设想和先入之见能帮助我们确定怎样看这个世界，限制所做的决定，并且执行所做的选择。因此，要成为批判性思想者，我们必须正视自己的偏见。

偏见通常会限制我们思考已经确定的问题或者课题。虽然我们意识到每个故事都有两个方面，但是经常把这两个方面认为是"我的一方面"和"错误的一方面"。要想成为一个批判性思想者，我们自身必须熟知一个问题的所有方面，并且要保持灵活和开放的思想。许多人没有批判性思考，是因为他们不想去处理模棱两可和不确定的问题。依靠假设和先入之见使他们无法正确处理不确定性。批判性思考要求我们要接受不确定性，继续质疑并且检验观点和假设。

即使当我们决定找出关于一个问题的所有观点时，对于这些观点的准确性也必须做出仔细的判断。我们最喜欢或者对于我们来说最有感觉的观点不一定是正确的，我们的假设和先入之见通常基于这些理由，但是我们必须学习依靠科学证据来对一个心理学问题下结论。

在这一章中，我们确定了批判性思维者的七个准则。我们必须使用这些准则，这样先入之见就不会限制批判性思维了。现在是你把准则和特性用于实际的心理学概念和争议中的时候了。希望你快乐地思考！

第 2 章
心理学与大众传媒

挑·战·你·的·成·见
第2章 心理学与大众传媒

　　许多学生在上心理课之前就信誓旦旦地说，他们对心理学已经有所了解。因为在媒体的帮助下，他们已从超市或书店的报纸杂志中获知了很多有关心理学的知识。几乎每一份报纸或杂志里至少都会有一篇在某种程度上与心理学有关的文章。很明显，这些文章都不是心理学家写的，因为他们的研究成果往往是刊登在心理学的专业刊物上。而大众传媒的作者们的工作就是从那些刊物中提取出一些复杂难懂的信息，好让我们这些读者可以了解到各种各样的心理学课题，而这些课题往往是我们根本没有时间、精力以及能力去亲自研究的。因此，我将大众传媒的功能视为"读者文摘"，它可把大量信息浓缩为易读易懂的内容。在信息大爆炸的今天，这一浓缩功能显得尤为重要和珍贵。

　　现在，你可能有了自己的结论，大众传媒在对待心理学的方式上肯定存在着某些缺陷。如果媒体在这方面做得很好的话，我们还会在本书里讨论这个话题吗？如果你得出这个结论，那么说明你已经在进行着逻辑性推论——非常棒的思维方式！

阅读媒体文章的准则

　　鲁本斯坦（Rubenstein，J.，1976）提倡，我们应该在阅读来自媒体的专业信息方面发展多种技能。

　　第一，我们应了解报告摘要与一篇完整报告之间的区别。媒

体的首要任务是让我们留意一些重要信息,并且仅呈现研究发现中的概况,而忽略掉其中许多细节。这种对细节的忽略使得我们很难对该论题的论据进行批判性的评价。

第二,我们应熟悉不同类型的论据并从中得出不同的结论。通常,个人经验与轶事证据都不属于科学性的论据。尽管这两种论据都可作为某种观点和假设的资料来源,但它们的确不能提供确凿有效的信息。一个好的批判性思维者能从主观性观点中区别出经验性论据,而且仅从那些支持该结论的论据中就能推导出结论。而大众传媒则经常不能提供足够的信息来使我们对论据进行批判性的评价。

第三,我们需要意识到把一个单纯的研究扩大而引起的后果。传媒会试图把某个研究发现戏剧化地夸大,将其报道为重大的发现或突破。鲁本斯坦指出,这种戏剧化的重大发现很少会出现。科学的进程是缓慢的,是小步前进的,在某一发现被广泛接受前需要经过反复的证伪。所以,批判性思维者会对一项有关吸食大麻和染色体病变之间关系的报告,或是一项关于同性恋者的荷尔蒙因素分析的研究进行合理且恰当的怀疑。后继研究将可能针对先前结论中的不足之处而继续下去。

第四,我们要记住大众传媒的宗旨是服务于大众。也就是说,作者精心挑选出某些信息进行归纳。以下这些主题往往会成为传媒的宠儿:能引起读者兴趣和热烈讨论的、富有社会意义的、为某一普遍问题提出解决方案或是涉及到神秘事物的。因此,批判性思维者认识到,媒体所刊载的文章是从专家角度得出的偏见性信息。媒体只会登出那些"醒目而耀眼"的标题。如果

挑·战·你·的·成·见
第2章 心理学与大众传媒

去当地书店的心理学类书架上找找看,你会发现大部分书都是与性有关的。这样,你就可能得出一个结论:心理学家都对性着迷。当然,性是心理学家所研究的合法内容,但并不是这门学科的本质部分。

最后,作为一个具有批判性思维的好读者,我们应当能去追溯在媒体文章背后的原始资料。而媒体编辑们则应该为读者提供一些追溯的线索,包括最初刊登该文章的刊物的名称、研究者的姓名或是进行该项研究的机构等等。这些线索都能帮你找出原始文章,并对其进行更仔细的批判性评价,而不是仅仅接受媒体上的言论。仅依赖于别人对作者言论的解释和评价,这种做法绝非明智之举。正因如此,在写文章收集材料时,一定要避免"二次引用"。

实例研究

众所周知,我们需要对大众传媒上刊登的科学研究类文章保持十二分的警惕,而这点是有充分理由的。现在,就让我们通过实例看看媒体是如何对待科学发现的吧。

《星报》是一种广泛发行的小报——类似于你在超市收银台见到的那类报纸。它曾刊登了一篇关于凯瑟琳·费齐登博士的研究文章。据《星报》所称,费齐登让学生测试十二星座占卜的准确性和可用性。其中一些学生知道自己的星座,而另一些不知道。文章的标题宣称"心理学家说占星术确实可信"(1983, p. 32)。下面引用小报中的两句话(p. 32):"费齐登博士说,两组学生都认为对自己的星座所做的预言是最准确的。""费齐登博士说，每日运程和每月运程肯定有其合理性，要不然，这些被试就不会认为自己的星座预言比他人的更有用。"——这两句话对原始文章的结论进行了概括。

《美国占星学》继《星报》中的《科学与星相》（1984）一文发表两年后也以此为基础发表了一篇文章。该文章称："根据《星报》10月11日版的一篇文章，一位蒙特利尔道森学院的心理学家得出结论，占星术确有真实性和有效性。"这篇文章里也引用了费齐登的话，但这所谓的"引用"也只不过是直接取自于《星报》罢了。

费齐登的一个学生读到了发表于《星报》上的这篇文章，老师对占星术的"兴趣"和"支持"使他非常激动（Fichten, 1984）。费齐登本人这才获知大众传媒报道了她的研究。对于自己的研究与《星报》、《美国占星学》上所报道的内容之间的差异，她感到非常困惑和惊讶。那么，让我们通过原始的研究文章来看看这个研究到底是怎么回事。

费齐登并不是独自进行实验的，而是有助手的协助。费齐登和苏内登（Sunerton）共同做了一个实验（1983），旨在研究学生是否相信占星之说。他们向192名心理学初学者呈现了12个星座的每日运程预言（该预言来源于两个不同的渠道），让这些学生评价预言的有效性。"昨天读到的预言对你本人是否应验？"（Fichten & Sunerton, p. 125）另有150名学生做了相同的实验，只不过给出的是每月运程预言（同样来源于两个不同的渠道）。上述实验中均有近一半的学生被告知哪个星座有哪种预言，而另一

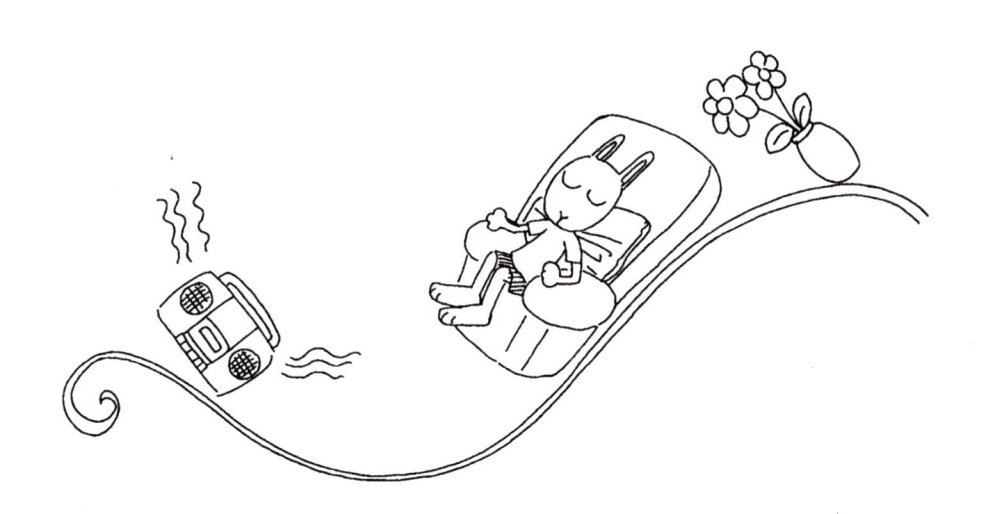

半则没有。费齐登和苏内登发现,与其他11个星座相比,那些没有被告知的学生并没有对自己的星座预言表现出更多的赞同。费齐登和苏内登总结道:"因此,看起来每日运程预言根本无效。"(p.128)同样地,那些没有被告知的被试,并不认为自己星座的每月预言比其他星座的更有用。他们再次得出结论:"这些结果表明每月运程预言也无效。"(p.128)费齐登和苏内登发现,那些知道自己星座预言的学生,认为自己的星座预言比其他11个更准,而这点根本不足为奇。似乎只有在知道自己属于哪个星座的情况下,被试才会认为占星有些用处。正如费齐登和苏内登指出的:"知道自己是哪个星座时,人们可能会有意地忽视与之不相符的预言,而只关注相符的预言,并且,所有星座中都存在这一现象。"(p.131)简单地说,那些了解并相信星相的人,或许会戴着有色眼镜去看待星座的预言。

《星报》对于原始研究是如何搜集数据的报道是相当准确的。费齐登和苏内登的总结也是非常清晰、简洁、直白的。很难想象任何人读到他们的文章或者我们刚刚引用的话会产生误解。然而,误解的确还是发生了。很明显,小报的言论和费齐登、苏内登的结论大相径庭。两份报纸说的就好像是真的采访过了费齐登似的,但事实上,费齐登根本没有接受过任何一家媒体的采访。

违反批判性思维之处

在第1章里,我们已经了解到了批判性思维者的七大准则。在相信占星术的案例中,哪些准则没有被遵守呢?主要违反的准则是第二条（识别固有偏见和假设）。《星报》和《美国占星学》的文章作者和编辑们明显存在赞同占星学的偏见。这种偏见使他们无法做出任何批判性评价。另外，也触犯了第七条准则（做出结论前审视可用论据）。尽管作者和编辑们可能已经审视了论据，但他们却篡改了论据以便为其所用。

思考先入为主的观念

这个事例将会引发怎样的结果呢？如果我们本人偏袒占星之说，就可能去阅读媒体的报道并信以为真。该事例告诉我们，一定要避免二次引用。假如你只读过《星报》的这篇文章，那你的脑海中一定会留下某种印象，即费齐登博士的研究不准确。《美国占星学》的文章作者要是参考了原始研究文章，而不仅仅依赖于《星报》的话，杂志上也就不会发表这篇颠倒黑白的文章了。批判性思维者会避免在不进行核实的情况下草草接受别人的言论。要想全面理解原文，得出正确结论，你就要做好寻找并阅读原始文章的准备。

费齐登和苏内登的论据完全经得起仔细推敲。他们搜集实验证据，而不是靠个人看法和个案研究。他们采用某些技巧来控制无关变量，以便得出结论。例如，他们从两个不同的占星术来源获取资料，以增强研究结论的普遍性。更重要的是，对一些学生实行单盲预言法（不知道哪个预言对应哪个星座），另一些学生则正好相反。实验结果表明，单盲预言法的测试者并不认为自己的星座预言比其他 11 个星座的更准，这种结果正好给了那些相信占星的人当头一棒。那些已经知道哪个星座对应哪个预言的学生认为自己的星座预言比其他11个都要准。这个结果使我们对人们之所以相信占星术的原因有了一些了解。

我们仍需小心对待仅根据本章论据而得出的结论。仅从一项研究中就想得出一般性结论，对此一定要十分谨慎。为了得出一个关于占星术的更具普遍性的结论，必须广泛搜集与此有关的调查或研究。只有其他的研究者得出了相似的结论，某项科学研究才能成为可靠的资料来源，即所谓的可重复性。

总结

本章的内容是否在向你灌输一种概念，即你不应该相信大众媒体上任何有关心理学的文章？不！我并不想令大家对媒体报道的心理学产生鄙视的态度。然而，我希望你能批判性地去分析和思考媒体所认为的心理学。本章所举事例证实了一个重要问题。一方面，如果你之前就怀疑占星术，那么读了媒体上的文章之后，你或许已经运用了自己的批判性分析技能，并且对结论产生质疑。而另一方面，如果你之前就像许多人一样相信占星之说，那么你或许就会用那篇文章来坚定自己的信念，并且永远不会再有任何疑问。请记住，作为一个批判性思维者，我们必须始终保持怀疑的态度，即使是对于我们所赞同的观点。

再次声明，我并不想打击你对已获悉的心理学知识的信心。像《新闻周刊》、《时代周刊》和《美国新闻与世界报道》之类杂志肯定比超市小报要可信得多。然而，我认为，无论文章出自哪

里，在阅读时保持健康的怀疑态度都是非常重要的。不要不加质疑地就接受表面的东西。那些做出各种断言的人应该拿出论据支持自己的主张。人们应搜集论据，批判地评价事物。持有批判性探索的态度，能帮助你成为一个知识渊博且对心理学信息更具辨别力的使用者。

批判性思维练习

1. 几乎在任何一种大众传媒上都能找到心理学或与之相关的信息。从报纸或杂志上找一篇涉及心理学基础知识的文章。对于该主题，你存在哪些先入为主的观念？根据第一章中所提供的批判性思维准则对该篇文章进行分析。该文章是一篇"好的心理学"文章，还是持有偏见的非正式类文章？找出这篇文章所参考的原始资料，判断该文章对研究的总结是否公正且准确。

2. 本章中所提供的实例是有关占星术的科学调研。正如我所提及的，一篇判断占星无效的文章并不足以对占星学得出概括性的结论。去图书馆再找出三篇和占星有关的研究文章。根据这三篇文章和费齐登、苏内登的研究（1983），并结合第一章中的批判性思维准则，对这块研究领域进行分析。你能从这四个研究中得出概括性的结论，并有足够的论据来支持它吗？

3. 看看你的心理学教科书中的目录。选择一个你本学期将要学习的主题，并且对于这个主题你个人已有了一些先入为主的观点。以教科书为指导，另从图书馆里找出与该主题相关的三篇研究文章。写一篇对你已有看法的文章的分析报告，报告要以第一章中的原则为结构框架。

第 3 章
统计的诱惑

挑·战·你·的·成·见
第3章 统计的诱惑

在关于统计的名言中，有一条出自本杰明·迪斯雷利（Benjamin Disraeli，19世纪70年代的英国首相）："世界上有三种谎言：谎言、该死的谎言和统计数字。"虽然他有些夸张，但毫无疑问，人们有时会误用统计数字。本章中我们将解决的问题是统计的诱惑——人们试图用统计动摇或误导我们。我们将学习一些技巧并且把重点放在关于统计的批判性思维上。

赫夫（Huff，1954）写了一本有趣的书《统计陷阱》，他将人们试着用数字进行欺骗的方法做了归类。让我们通过赫夫所归纳的类别来看看几种可能的欺骗。

嵌入式偏见的实例

你常听见像"57%的受访者使用 Baby's Derriere 爽身粉"这种说法吗？你曾想知道这57%的人是谁吗？这是一个好的批判性的问题，可用来质疑由未知样本获得的说法。心理学家知道，应选择最能代表人口的随机样本。选择随机抽样可使样本中的每个人都有同等被抽到的机会。任何系统地排除一些人的选择方法都是存有偏见的。为了让我们对爽身粉的结果有信心，接受调查的人应该随机挑选。如果我们发现被调查的人正在参加 Baby's Derriere 的股东会议，那么我们就会感到受骗了！

在一个由偏倚的样本做出结论的著名案例中，《文学文摘》

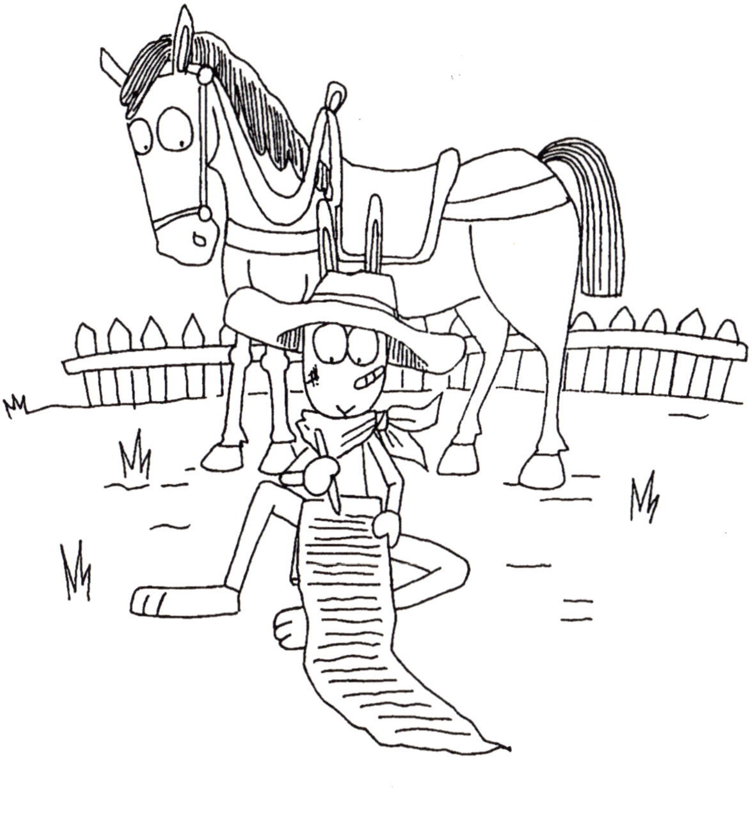

挑·战·你·的·成·见
第3章 统计的诱惑

通过邮寄 1 000 万张选票的方式进行了一次有关 1936 年总统选举的民意调查。他们在超过 200 万份回答的基础上预测，阿尔夫·兰德勒将以压倒性的优势超过富兰克林·罗斯福赢得竞选。然而，罗斯福以 61％的选票赢得了 1936 年大选（Spatz, 2001）。这是怎么回事？鉴于调查的回收率问题，该样本是偏倚的。只回收了 23％的调查样本（Paulos, 1988），这很可能是由更多不满意罗斯福总统第一任期的人所返回的问卷。保罗（Paulos, 1988）指出，邮件调查很容易有选择偏差——对这一问题更感兴趣和兴奋的人们更可能回答这种调查。在我们对调查结果有信心之前，我们需要有关样本性质的信息。偏差样本产生了我们应该忽视的偏差结果。今天的民意测验专家注重仔细地抽取近乎完美的具有样本代表性的样本。然而，在一次势均力敌的选举中（如 2000 年布什对戈尔），甚至是依靠没有偏差的样本也很难做出准确的预测。

易忽略的数据

让我们以 Baby's Derriere 爽身粉为例。你曾想知道有多少人被调查而得出 57％的神奇数字吗？这个数字看起来很奇怪，所以我们可以设想有大量的人被调查。你知道七分之四约等于 57％吗？七分之四受访者说他们用了 Baby's Derriere 品牌的爽身粉，这会给你怎样的深刻印象呢？我希望你不要觉得太可怕了！为了从抽取的样本中获得精确的评估结果，我们需要知道样本容量有多大。

通常是不会给我们提供用以仔细调查的样本容量的。关于这

挑·战·你·的·成·见
第3章 统计的诱惑

个问题的最好的例子出现在商业活动中。如果"五分之四的医生"都推荐某些产品,这就意味着参加调查的大量医生中有80%的人都推荐该产品了吗?换个书面的说法,即五分之四的医生都推荐该产品了吗?显然,前一种可能更令人印象深刻,并且广告公司希望我们得出这个结论。当我听到这样的短语时,我内部的"报警器"发出"哔哔"声,我立即开始怀疑。我希望你也有这样的内部警告指示器。从这个样本中我们应该知道,在抽样调查得出结论之前应该知道样本的容量。

精选的平均数

我们被充斥在生活中的有关平均数的信息所淹没——击球平均数、购置新房的平均花费、平均工资等等。人们通常觉得这些统计数字令人舒服,因为自打他们还是学生的时候就开始计算平均数了。每个人不是都知道如何找出一组数字的平均值吗?似乎没有办法使人们认为这个统计学的概念很难。错!当使用统计学的时候,"平均数"是一个模糊的甚至还会使人误解的术语。为什么呢?实际上有三种常用的统计平均数——平均值、中位数和众数。心理学家经常会提到中心值或集中趋势的量度而不是平均水平。

平均数(mean)是你多年以来一直所熟知的平均值(average)。它只不过是算术平均数的分数,通过相加分数并除以这些分数个数的总和来计算。因此,如果你们班的历史课考试分数如图3—1所示,那么平均得分就是66.7(734除以11)。

93	
91	
84	
84	
77	
75	平均数 = 734/11 = 66.7
71	中位数 = 中间数 = 75
66	众数 = 84
32	
31	
30	$n = 11$
734	

图 3—1　历史考试分数

当看这一组考试分数的时候，你可以看到三名学生显然没有学习。他们的低分数大幅度降低了班级的平均分。正如此例中可看到的，平均数存在的问题是容易受极端分数的影响。为了降低极端分数的影响，我们使用了中位数。中位数（median）是一个点，它把一组分数分成两个相等的部分。定义中位数的一个简单方法是把它在分数分布中看作中间分数（当分数是由高到低排列的时候）。当我们按次序排列这组历史考试分数的时候（如图 3—1），我们发现中位数是 75，因为 75 的上面和下面分别有五个分数。这个数字似乎是一个对于班级平均成绩的更为合理的估计，因为它把不学习的人的负面影响降到最低程度。（如果分数的数量是偶数，中位数是指分布在中间的两个分数的平均值。）通过使用中位数，每个极端分数和其他分数具有相同的影响——它仅算作一个分数。众数（mode）仅仅是在分布中出现频率最高的分数。在图 3—1 中，众数是 84 分，即两名学生的成绩。

挑·战·你·的·成·见
第3章 统计的诱惑

现在，我们正面临着一个两难境地。我们应该使用哪一种中间值？我们通常都会使用平均数，除非存在一个潜在问题，即误解平均数的使用，比如两端极值严重影响了数值分布。这种情况导致偏态分布。当分数出现偏态的时候，平均数对极端分数是敏感的，那么这时就应该使用中位数。哪一个中间值应该被我们用于历史的考试成绩中呢？由于一组分数非常低，且这些数据呈现出偏态，所以我们不可以使用平均数。众数不是一个非常有用的中间值，除非我们正在计算频率，例如，你的同学有多少是共和党人，民主党人又是多少。因此，中位数75是用于该考试分数分布的最适当的中间值。

有些人怎样试着用平均数来误导我们呢？在有人谈到"平均"时，大多数人认为他指的是平均数，可能是因为人们只熟悉作为中间值时的平均数。然而，"平均"可能指的是平均数、中位数或众数。选择一个特定的值可以帮助加强或削弱某人试图获得某一分数的情况。想象一下，仅调查一个小社区的几个富人的"平均"收入，平均数就会被富人的收入夸大了。如果你想显示这个社区繁荣，你可以使用这个平均数。为了使社区符合低收入援助条件，您可以使用中位数。这些都代表了"平均"收入，然而，对于任何的偏态分布（如美国的收入），你应该使用中位数。关于中间值的底线很简单——只要你听到"平均"这个词，你的内部报警器就应该开始发出警报，你应该问问自己："是哪种平均？"

挑·战·你·的·成·见
第3章 统计的诱惑

无事生非

心理学家使用统计资料以帮助他们做出关于调查研究信息的结论。如果他们研究的因素影响行为,那么结果会表明有显著性差异。例如,假设你已经研发出一种记忆丸,服用记忆丸的人要比不服用的人记住的更多,你就会得出这样的结论:记忆丸中的药物成分显著影响了记忆。

语义混乱可能误导我们的统计。当统计测试表明结果不可能是偶然出现的时候,结果被称为显著的。在这种情况下,显著性不等同于重要性。结果的重要性涉及其实际性质——它们可以有意义地应用于一些情景中吗?假设服用了记忆丸的人比没有服用的人多记住了给定单词列表里的一个单词,就出现了显著的差异性,那么这种显著差异能足够大到成为重要差异吗?学校的所有学生都可以因为这个效果去服用该药丸吗?因为显著性和重要性往往在非统计的用语中相互替换使用,所以没有统计经验的人常常认为这些术语在统计情况下也可以互换。

要找出具有统计显著性,但就重要性而言,在本质上却无意义的结果很容易,特别是在涉及大量样本数据的个案中。米赫尔(Meehl, 1970)写了一份有关5.5万名明尼苏达中学高年级学生的研究报告,他们接受了45种不同变量的测试。当研究人员查看所有成对变量的联系时,仅由于样本大的原因,91%的人都被证明这些联系是显著的。但正如你所猜测的,这些联系并不是所有

挑·战·你·的·成·见
第3章 统计的诱惑

的都是极为重要的、有意义的。

不要混淆统计学上的显著性和重要性。报告统计数据的人告诉你这些数据是否具有显著性，但在现实生活中该数据的差别是否重要或有意义却是由你决定。

令人咂舌的图表

俗语说，一张图片胜过千言万语。心理学家似乎钟爱这句话，因为他们往往通过图表呈现信息。用文字解释图形信息可能需要用到像俗语里所说的千言万语。图形和文字解释结合起来会相得益彰。信息是提供给以言语为导向和以视觉为导向的人的。据推测，几乎所有人都能理解所呈现的信息。

研究人员在创建图表的时候应该遵守某些规则（Spatz，2001）。其中一项规则就是图的高度应约为其宽度的三分之二，这样可让图形保持某种比例，还可以有目的地防止用一张拙劣的图表误导人们。想象一下在如图3—2中所显示的两条坐标轴上绘制关于未婚同居的数据（见表3—1）。你能预测出两个图表所显示的是什么吗（以同样的数据）？哪幅图看起来描绘了数据随时间变化也发生急剧的变化？哪幅图的数据似乎随时间推移显示了极大的稳定性？如果你用图a回答第一个问题，用图b回答第二个问题，那么你正批判性地思考该图表。哪个图所绘制的数据是正确的？答案是没有，因为这两种图形都违背了高宽比，并因此具有误导性。只有当图的比例正确时你才能从中提取正确的信息。

37

挑·战·你·的·成·见
第3章 统计的诱惑

表 3—1　　　　　未婚同居（1960—2000）（单位：千）

1960	1970	1980	1990	2000
439	523	1 589	2 856	3 839

From *Marital Status and Living Arrangements*：*March 1991*，U. S. Bureau of the Census，1992，Washington，DC.（Data for 2000 are estimated.）

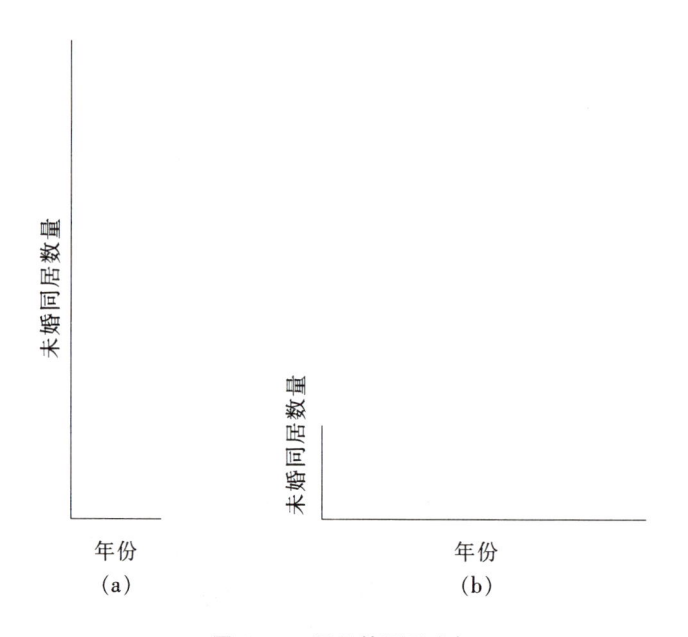

图 3—2　误导的图形坐标

　　另一个可能导致误导的绘图方法是，在读者不知情的情况下图表的一个或两个轴的尺度突然发生了变化。尺度常发生突然的变化，是因为用以制图的数字相当大并且没有接近原点（两个轴的零点）。常规方法是用斜杠标志打断坐标轴，以表明部分图的缺失，而不是画一个非常高或非常宽的图（Spatz，2001）。图 3—3 是出现在美国心理学协会出版的《APS 观察者》中的一幅图，当你粗略地看一下这幅图时，你留下的印象是什么样的呢？APS

38

挑·战·你·的·成·见
第3章 统计的诱惑

会员数增长得迅速还是缓慢呢？现在，让我们更仔细地研究一下该图表。这幅图有哪些错误？你可能注意到，图表上的一些成员数量规模突然变化了，而并没有用斜杠标志来显示这种变化。因此，4 000人左右的变化组成了大部分图形，然而6 000多人的基数压缩成了造成这份变化的位置的一小部分。该图以一种误导性的方式绘制，给人一种印象，即APS比它实际增长更迅速。

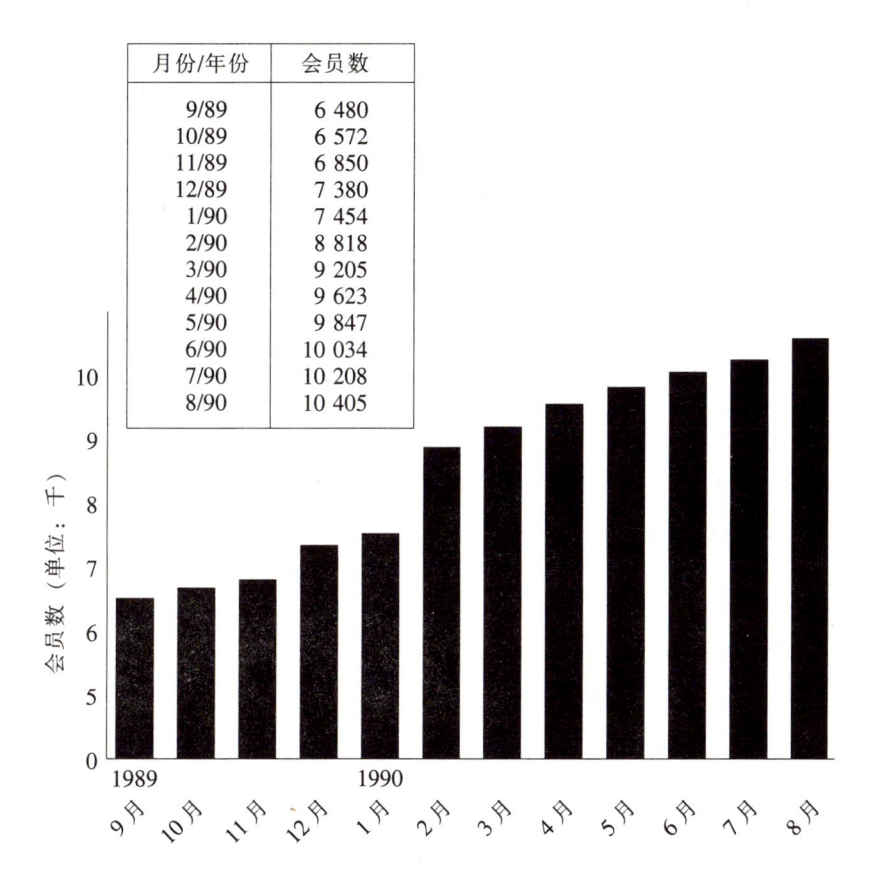

月份/年份	会员数
9/89	6 480
10/89	6 572
11/89	6 850
12/89	7 380
1/90	7 454
2/90	8 818
3/90	9 205
4/90	9 623
5/90	9 847
6/90	10 034
7/90	10 208
8/90	10 405

图3—3 美国心理学协会的会员数据

From the *American Psychological Society Observer*, 1990, p.10.

挑・战・你・的・成・见
第3章 统计的诱惑

当我们查看图表时，我们需要仔细加以研究。我们的任务是提取凝聚在图表中的信息。在我们提取信息之前，我们应该确信图表准确呈现了信息。不要被只能用来证明某一点的图表所误导了。

半附着数据

那些想使我们相信他们立场的人往往在我们面前使用统计数据以支持他们的论点，尽管有时引用的数字与之并不相关。我想起了一个关于阿司匹林的商业广告，吹捧其产品进入血液能很快地被吸收。这是一个极好的半附着数据的例子。我们被阿司匹林的吸收率所迷惑，并且忘记问该产品是否真的有效！阿司匹林如果不能缓解疼痛的话，那么即使瞬间被吸收也仍然不是很好。在这种情况下，半附着数据看起来和听起来令人印象深刻，但它并不是真正的主要问题。许多广告商企图通过操纵广告上的枝节问题来转移我们的注意。

相关性和因果性

最后一个统计问题并不是由赫夫（Huff，1954）列举出来的，但它却有很大的争议性，有时甚至对于提供数据的人来说也是如此。虽然假设因果关系中包含两个相关变量的看法可能是种常识，但是这种假设是错误的。相关性并不意味着因果性。许多研究表明看暴力的电视节目和攻击行为之间有相关，但这种相关并没有使我们得出这样的结论：看暴力的节目导致攻击行为。攻击性的人可能只是喜欢看暴力节目，某些第三方变量（如荷尔蒙不平衡）也有可能导致暴力和看这类节目的趋势。因此，如果你听到有人得出这样的结论：因为两个变量具有相关性，所以这两个变量便具有因果性，那么你就应该去审查一下该推理中的漏洞了。

违反批判性思维之处

本章揭露了哪些违反批判性思维之处？误导性统计触犯了第六条准则（使用逻辑推理过程）。统计推理建立在引出逻辑推论的基础之上，所以，由统计而产生的误导经常建立在非逻辑推论的基础上。同时也违反了第四条准则（区分事实和见解）。假如人们不能呈现精确的统计（事实），那么他们或许尝试着用错误的统计（他们的观点）去误导你。

思考先入为主的观点

在本章中，我已经向你们介绍了人们可能通过统计误导你的七种不同的方式。关于这七个方面，你可能事先无任何意识。

通常你需要谨防的先入之见是对统计数据的畏惧。因为许多人害怕数据，所以，他们通常不能批判性地思考别人的统计结果。你的一生中会面对许多数据——不仅仅在心理学中，也不仅仅在大学里。当某人在你面前呈现统计结果时，如果你只是简单

挑·战·你·的·成·见
第3章 统计的诱惑

地应付一下，那么你已经让那个人占了上风。批判的思考数据结果和批判的思考语言论据很相似——你需要记住的仅仅是运用你的批判性分析能力而不是放弃这种能力，因为数据是繁杂的。

结 论

知名统计文章的作者提醒我在写本章内容时要格外小心。当我进行写作时，他敦促我解释本章内容，否则，"他们将得出结论，'统计是用来证明那些令人唾弃的东西的'。"（C. Spatz，人际沟通，1993年5月19日）我希望我没有给你们造成这样一种印象，那就是统计可以用来证明任何东西，或者说统计不能用来证明任何东西。我特别希望使你们确信，在使用数据时，既不能将其忽略掉，也不能不假思索地盲目使用。本章中，我已经教给你们一些批判性检验统计结论的方法。不要害怕统计！统计是用来为论点提供清晰证据的。因为统计常常是形成心理学观点的支柱，所以，对你而言，让统计结论服从于批判性的分析与思维是非常重要的。

批判性思维的练习

1. 假设你想在你们学校的学生中进行一项有关美国总统工作表现看法的调查。

　　a. 进一步假设，你被共和党改选委员会雇用了，所以，你想得到一个能产生非常好的效果的调查结果。你会使用什么样的方

法去抽取一个可能会对总统产生极高评价的偏态学生样本？

b. 假如相反，你被民主党选举委员会雇用了，并且，想得到一个不好的结果。你可能会使用什么方法去抽取一个反对总统的偏态样本？

c. 对这次调查，你可能会使用什么方法从你的学校中去抽取一个公正的（没有偏见的）学生样本？

2. 自1941年棒球赛季以来，没有一个棒球运动员击球超过400次。在162场棒球赛季赛中的40场比赛之后，威廉·泰兹（William Tedds）击球406次。体育记者在写关于这一年泰兹将如何通过击球400次创造棒球历史的文章。他们的推理中的统计缺陷是什么？

3. 哪种集中趋势量度应该被用于下面一系列数据中？为什么？对每种情况提供一个可操作性的基本解释。

a. 美国所有新建家庭的平均花费。

b. 使用的牙刷的典型品牌。

c. 家用暖气装置和制冷装置的平均花费。

d. 四口之家每月平均食品花费。

e. 大学生中最流行的汽车。

4. 你是学校招生委员会的一名学生会员。你正在考虑招收两名学生，但是入学名额只有一个。学生 A 的 ACT 分数是 24，学生 B 的 ACT 分数是 23。主管对于是否录取学生 A 激烈争论了很久，因为，学生 A 很明显更聪明。你怎么回答这位主管？

5. 找一张刊登在报纸杂志上的图表。你能找出其中的缺陷吗？如果能，是些什么缺陷呢？作者希望你产生怎样的感觉呢？

如果你发现图表中有问题，重新画一张以使结论更加清晰可见。

6. 假如你在电视新闻上听到以下一段陈述："去年死于空难中的乘客数量上升了17%。人们变得越来越害怕飞机，并且把他们的出行计划改为搭乘火车、公交和汽车。国会正开始探究航空安全问题。"和你一起看这条新闻的朋友为此感到振奋，因为他相信飞机是不安全的。你怎么回应你的朋友以及这条新闻报道呢？

第 4 章

解剖学是主宰命运的力量吗?

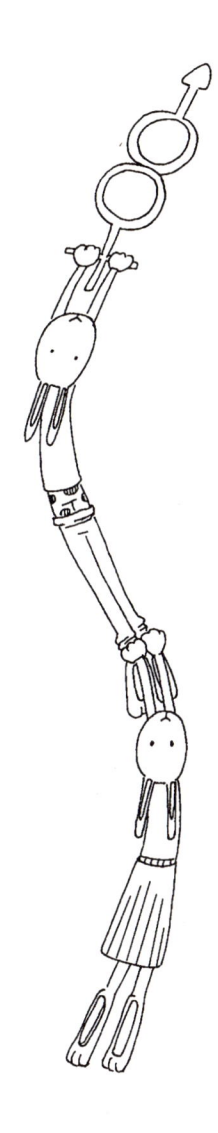

第4章 解剖学是主宰命运的力量吗？

　　心理学在性别差异问题上存在一个很有趣的争论。一般来讲，尽管性别差异很小，且呈现出随着时间的推移而缩小的趋势（Basow，1992），但大量的文献综述（参见图4—1）已经表明性别差异的确存在。研究揭示的普遍性别差异包括：（1）男性更具有攻击性；（2）女性具有较好的口头表达能力；（3）男性拥有较强的数学能力；（4）男性有较强视觉—空间能力（Maccoby & Jacklin，1974）；（5）男性更有积极性；（6）男性更具有竞争性（青春期之后）；（7）女性稍显得更为顺从；（8）男性显得更为自私，而女性则在公共场合更具有优势（Basow，1992）。巴索注意到，事实上性别角色的差异一直普遍存在于各种不同的文化中，即"在大部分文化背景下，男性主要负责狩猎、捕鱼和征战，而女性则收集食物、做饭和照顾孩子"（1992，p.106）。因此，本章主要讨论的问题是性别差异是否存在以及存在的原因。

　　对性别差异的解释有环境方面的可能性（如社会角色、文化），也有遗传方面的可能性（如荷尔蒙、药物）。因为本章与生物心理学的章节有关，所以我们仅狭义地从生物学或生理学的角度对性别差异进行解释，即脑解剖方面的差异。所有关于性别差异的生物学或生理学的解释都有一个共同的趋势——它们认为这些差异永远无法改变。这一设想的危险之处在于，认为性别差异是永恒不变的，以至于社会的变迁对它无任何影响。一些人认为性别本身是平等的，性别间的任何差异只因受到文化和环境的影

第4章 解剖学是主宰命运的力量吗？

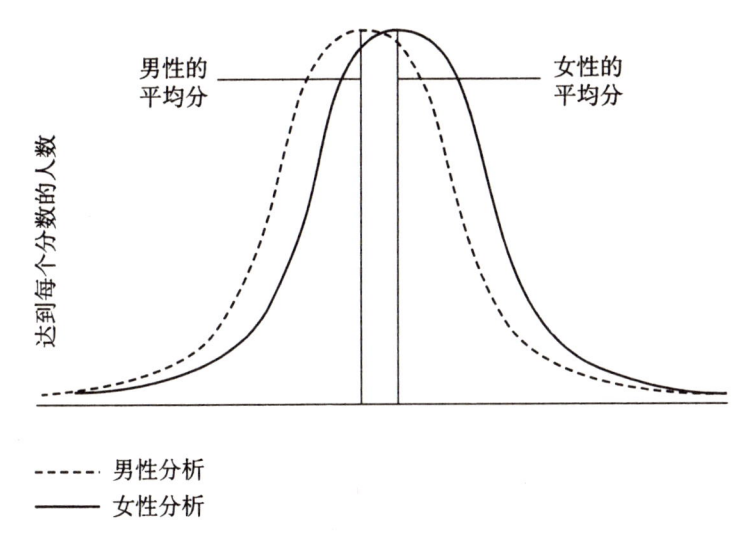

图 4—1 性别差异的典型研究结果

响，而这种不变性的前景黯淡。主张性别平等的人认为性别差异的生物学和生理学解释仅能保持现状——如果人们相信这种解释，他们可能认为改变性别角色的做法是徒劳的。因此，对于性别差异（以及其他方面的差异）的生物学和生理学解释可总结为一句话："生物学主宰一切。"

历史上，已有三种研究脑的方法，这些方法至少已间接触及到性别差异的话题。

颅相学

18世纪早期，科学家们开始认为不同功能可能定位于脑的特定区域。最早的脑定位学说是由加尔（Gall）和施普尔茨海姆（Spurzheim）提出的颅相学（Pogliano，1991）。颅相学家们认为，如果一个人某种特质水平较高，那么他的脑部必定有某个高度发达并与此相对应的区域。颅相学家们研究脑损伤病人的损伤部位以了解他们的特质。按照施普尔茨海姆的学说，男性额叶面积比女性的大，这一差异意味着男性拥有比感知能力更强的思维能力，而女性则恰恰相反。因此，施普尔茨海姆为把男性看作思考者而把女性看作感知者的这种刻板印象提供了"科学的"凭证（Shields，1975）。运用个人信念体系来判断某种刻板印象当然不是批判性思维的形式。

颅测量学

法国外科医生保罗·布洛卡是颅骨测量学及测量方法的主要支持者（Gould，1980）。布洛卡认为，头的大小可以用来衡量脑的大小，而这也可用于测量智力。布洛卡在巴黎医院进行尸体解剖时，得到292名男性的大脑重量的平均值为1325克，140名女性大脑重量的平均值为1144克的数据（Gould，1980）。因此，他得出男性更加聪明的结论。布洛卡当然知道，男性和女性之间存在身高差异，但他并不认为单靠身高就可以解释脑重量的差异。布洛卡在1861年写道：

> 一般来说，我们应该记住，女性在智力方面稍微次于男性，但虽然确实存在这种差异，我们却不能过分夸大它。因此我们可以推想出，女性脑部之所以相对较小，部分原因是她们的身体较小，部分原因是她们智力上的不足。（Gould，1980，p. 154）

请注意这里的循环逻辑。布洛卡推理：由于先前存在女性在智力上稍弱的假设，因此仅仅身体上的差异并不能解释脑的差异。然而，他忘记了男女之间的智力是否存在差异这个根本问题还有待仔细研究。

这一结论必然地从科学的角度为歧视女性的观点做了有利的辩护。古斯塔夫·勒邦（Gustave Le Bon），最重要的科学家以及社会心理学的创始人之一，基于布洛卡的研究数据，他在对女性的抨击上尤其充满敌意（Gould，1980）。

他将女性大脑与大猩猩的做比较，并认为与成年人和有教养的男性相比，女性的智力更接近于孩子和原始人。勒邦认为，女性缺乏思考和推理能力。勒邦于1879年写道："毫无疑问，存在一些卓著的女人，比起一般男性来说她们要出色得多。但是，她们和任何畸形儿的出生一样，是那样罕见，举例来说，就像有两个头的大猩猩，结果，我们很可能完全地忽视了她们。"（Gould，1980，p. 155）此外，我们注意到，人们都试图用自己的"科学"使其信念体系和已有的成见成为永恒。

脑部定位说

随着科学界研发了更多关于大脑研究的精确方法，加上基于人的某种特殊能力都定位于脑中同样的相关位置的假设，研究者开始密切关注脑的特定区域。定位研究在过于讲究流行的今天仍然继续着，而且来自于这些研究的信息使我们能够指导语言、视觉、运动、计划等等。当然，脑定位学说的早期研究，并没有产

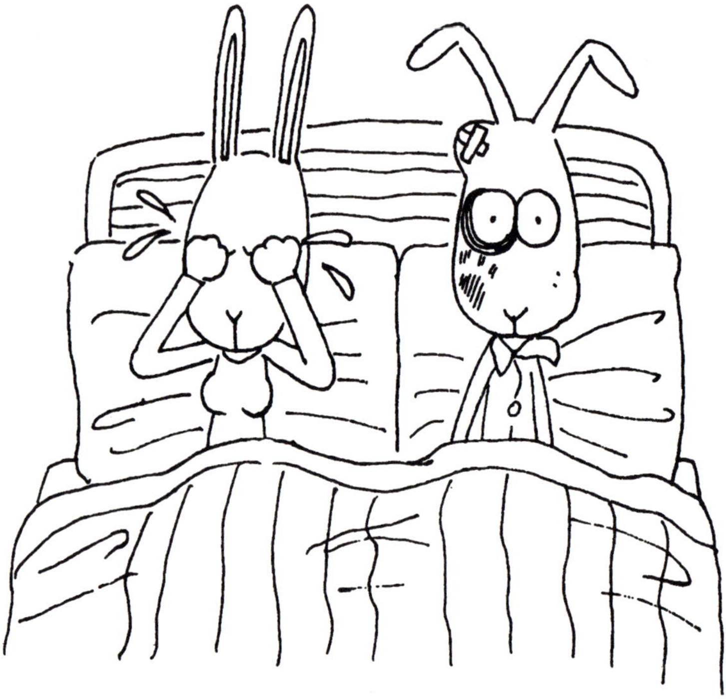

挑·战·你·的·成·见
第4章 解剖学是主宰命运的力量吗？

生如此精确的数据。18世纪中期，人们认为智力位于大脑中的额叶，而且科学家报告男性的额叶面积较大，甚至包括未出生的胎儿也是如此（Shields，1975）。

到1900年，科学领域的共识发生了改变，认为智力位于脑中的顶叶。现在，难道科学见解已转为赞同女性比男性更加聪明吗？当然不是，只是科学证据本身发生了变化。1895年，G. T. W. 帕特里克（Patrick）写道：

> 正如料想的那样，额叶区域在女性的脑部并不是显得更小，而是相对更大……但是顶叶稍小。此外，额叶区域的重量优势并不表示智力的优越性……顶叶区域确实更加重要。（Shields 的论证，1975，p.741）

很明显，从这个例子可以看出，科学证据只是用于解释或证明男女差异的固有观念，而不能明确这种差异存在的事实及其起源。因此，19世纪90年代的脑科学家们显然并没有为我们所研究的批判性思维特征提供大量的证据。

我们从1800年跳转到今天来检验我们所了解的关于性别差异的大脑定位解剖学的知识。研究已经把重心集中到男女大脑差异的三种类型：大脑单侧化、胼胝体和下丘脑。

大脑单侧化

虽然存在一些例外，但心理学家们通常还是认为语言定位于大脑左半球，而视觉—空间能力为大脑右半球的功能。有些证据表明男性在大脑单侧化方面的表现比女性更加明显。（Springer &

Deutsch，1998）换句话说，男性可能显示出左侧（语言）和右侧（视觉—空间）的区别，然而这种区别在女性大脑中表现得不明显。因此，大部分女性语言和视觉—空间能力分布在大脑双侧而不是单侧。支持该证据的一个实例就是，当左半球损伤之后，如癫痫或中风时，男性比女性更具患语言障碍的可能性（Springer & Deutsch，1998）。

然而，不是所有的证据都支持男性大脑单侧化—女性大脑双侧化的观点。木村（Kimura，1992）报告说，通常男性大脑左半球后部受损时引发语言障碍比女性大脑左半球前部受损时引发语言障碍更常见。木村还发现，在左半球受损时，其对男性和女性视觉—空间能力方面的影响相差无几。这些数据表明，男性并没有在大脑单侧化上比女性更明显，但是性别间仍然存在着某些功能的定位差异。

胼胝体

德拉科斯特-乌塔辛和霍洛韦（De Lacoste-Utamsing & Holloway，1982）报告说，在胼胝体即连接大脑两半球的神经纤维束中存在性别差异。在尸体解剖过程中，他们发现在 14 个（5 女、9 男）脑解剖样本中，女性的胼胝体压部比男性的大。他们在另外两项研究中验证了这项发现。因为胼胝体压部在两个半球之间传输视觉信息，他们由此推测女性的视觉—空间能力有更多的双侧化表现。如果我们假设较大的胼胝体说明两半球间存在更多的神经通路，那么这个发现就可以给女性更具大脑双侧化趋向

第4章 解剖学是主宰命运的力量吗？

提供解剖学基础。

此外，有关女性胼胝体压部更大的发现还存在争议。一个最近的大样本（146个被试）研究显示，男女间在胼胝体压部大小上并没有差异，但在其形状上有差异（Allen, Richey, Chai & Gorsky, 1991）。另一项研究（Witelson, 1989, 1995）显示，当考虑身体大小因素后，男女间就不存在胼胝体压部的差异了，但是女性的峡部（恰在胼胝体压部前方的一个区域）更大。因此，我们要再次面对关于性别和脑解剖这一令人困惑的研究成果。

下丘脑

在动物研究的追踪中，斯瓦柏和弗莱厄斯（Swaab & Fliers, 1995）在下丘脑前部的四个小细胞核中的一个里发现了人类的性别差异，并发现男性的细胞核大小大约是女性的2.5倍。这一区域在动物性行为方面起作用，因此在此找到性别差异并不令人惊讶。

随后那些关于视丘下部核的研究根本不清晰。艾伦、汉斯、西兰和戈尔斯基（Allen, Hines, Shryne & Gorski, 1989）报告说，男性的四个下丘脑细胞核中有两个较大，在斯瓦柏和弗莱厄斯（1985）的发现中也有同样的差异。勒威（LeVay, 1991）发现男性的四个下丘脑细胞核中只有一个较大。因此，似乎在下丘脑前部的一个或多个细胞核的大小上可能存在性别差异，但是我们不能肯定这个结论，尤其是不清楚哪一个细胞核的大小存在差异。

当前和性别有关的脑部差异的三个研究领域还未到山穷水尽

之境。有可能在未来会发现男女间存在毫无疑问的脑差异。然而，现在在这三个领域里，这种类型的研究看来是很有代表性的。

违反批判性思维之处

在本章中出现了一些违反批判性思维的错误。其中主要问题是违反了第二条准则（识别固有的偏见）。早期的脑部科学家假设男性比女性具有优越性，并开始证明这种优越性。按照这种思路，他们违反了第四条准则（从观点中区分出事实）和第五条准则（避免过分简化）。如果他们的观点违背了事实情况，那么他们只能改变或重新解释事实。

违反批判性思维的地方不可能是显而易见的。更多的现代研究试图证明男女间的脑差异，任何观点的错误都来自于对那些结果的解释。如果脑科学家们不能在男女间是否存在脑差异的问题上达成共识，那么谁要是得出性别差异根植于大脑差异的结论，谁就违反了第四条准则（从观点中区分出事实）。现实的数据甚至还未能表明是否存在此种差异，那就更不能断定那些差异到底意味着什么。当前证据显示，找出生理上的明显差异并用它来解释男女之间的行为差异是很困难的。同时，我们不能忽视甚至像文化这样的变量也会影响身体发展的观点。

思考先入为主的观念

看来，颅相学家、诗人和早期的脑定位学说者可能已经犯了

先入为主的错误。他们所谓的有关大脑存在性别差异的"研究结果"支持了男性优越性的观点。很难得知先入之见是否导致了有关男女脑解剖差异方面的令人混淆的研究结果。马歇尔（Marshall）指出，言语组织片决定脑结构的大小是一个主观的过程：结果能被病人的年龄、疾病的类型、治疗差异、死亡速度、组织固着的方式和其他未定因素所影响（1992，p.621）。

那你是怎么想的呢？关于性别差异的起源，你是否也存在某种先入之见？你相信男女间的差异是固定不变的还是可以随着时间的推移而发生变化的呢？

然而，更重要的问题在于，你是否允许自己的先入之见影响你对证据的评估。如果你选择只相信支持自身立场的证据，而放弃其他证据，那么你就不能很好地进行批判性思维和分析。要记住，我们不能让自己的成见来影响判断。

结论

这就是本章论述的问题。在大量的研究结果中直接看出彼此间的矛盾是很困难的。撰写与政治分歧有关的文章尤其困难，这种分歧有可能冒犯这个或那个群体。然而，像性别差异这样的有争议性的问题迫切需要批判性思维。在处理争议主题方面时，人们经常更愿意去诉诸情绪而不愿去清楚理性地思考。当人们处于争论情绪时，解决问题是很困难的。关于性别差异的争论经常来自于情绪而并非科学数据。如果你能将批判性思维的指导方针应用到争论议题上，那么你就能更好地分析议题而且做出深思熟虑的决定。

挑·战·你·的·成·见

第4章 解剖学是主宰命运的力量吗？

在这个时期要想对性别差异的深入研究做出个很清晰的决断是非常困难的。然而，"结论"并不是推托之词。批评性思考的能力不能总保证你会得到一个确定的又轮廓清晰的结论。然而，批判性思维可以给你审视证据的能力，而且在特定的场合中决定只解决一个议题是不可能。记住准则——含糊和不确定是能被容忍的。脑部性差异的问题看来是那些话题中似乎可以解决的一个。

批判性思维练习

1. 本章思考的大体是：性别差异的出现可能是由于生物学的因素，因此"生物学是宿命"。就源自性别差异的生物学因果关系这一概念的细节进行辩论。在你可选择的模型中举出一个适合的例子，解释它如何支持你的因果关系，而并不是一种生物学的解释。

2. 颅相学、颅测量学和早期脑部定位学说的共同思路是什么？为什么这三种学说都有一个共同性？这些学说在今天找到了哪些支持要点？

3. 如何利用男性单侧性—女性双侧性解释女性具有较好的语言能力以及男性具有较好的视觉—空间能力？

4. 假设你是美国脑部研究的主导者。你已经被分配了调解脑剖析中性别差异研究的矛盾因素的任务。你的策略是什么？你如何着手进行？

5. 选定男性女性间的一种行为差异作为你所认为的一种生物学本性。你可以去图书馆找到一些关于这些差异的可利用的证据。你的结论和猜想相匹配吗？你获得了新的信息吗？

第 5 章

眼见真的为实吗？

挑·战·你·的·成·见
第5章 眼见真的为实吗？

  许多人认为，知觉就像录像机或录音机，只是用来记录音像以便回放。所以，我们能识别出自己的所见所闻，我们能从周围环境中获得感知信息并进行加工。这种直觉理论很容易理解且听起来很吸引人。事实上，正因如此简单且吸引人，一些电脑公司打出广告说，自己的程序是WYSIWYG（"what you see is what you get"）——这些程序能使用户精确打印出显示在电脑屏幕上的文件。

  像WYSIWYG这样的感知方法奠定了早期知觉理论的基础。布鲁纳和古德曼（Bruner & Goodman，1947，p.33）注意到，这种理论把感知者视为"一台被动的记录仪器"，并将其描述为"最新款实用记录仪"。按这种模式，感知是刺激特性的产物——所见（刺激）即所知（感知）。用感知术语来说，刺激变量（真实刺激方面）限定了你所见的事物。本章中，我们将对有关感知的先入之见进行评价。

  很明显，刺激变量的确影响感知。诸如色彩、尺寸、清晰度和距离此类的刺激确实影响到你能多准确地感知刺激物。然而，这一简单理论能足以说明所有感知的问题吗？如果你曾体验到某一认知错觉，你就会知道这个问题的答案是否定的。体验到错觉时，所见并不为实——我们的感知与刺激并不相符。有趣的是，我们仍无视错觉的存在，依然对所感知到的信以为真。换句话说，我们所感知到的真实可能只是对真实的歪曲或带有偏见的看法。因此，我们需要找出各种可能导致错觉的变量，你相信其中一个主要因素就是机体变量（即你自身的因素）吗？

挑·战·你·的·成·见

第5章 眼见真的为实吗？

机体变量

先暂停一会儿，请按照以下说明来做。我需要你尽可能快地大声说出字母，确保每一个字母都发音清晰。（我正等着……请配合我几秒钟。）背诵完字母后，请看图5—1。你看到了什么？和许多人一样，你会看到字母B。要是我让你在看图5—1之前从1数到20，你又会看到什么？可能是数字13。呵呵……很有趣吧？你在两个情形中看到同样的刺激，它两次同样刺激了你的视网膜细胞。然而，两个情境中感知到的却不同。这是怎么发生的？当然是因为提供给你的刺激情境不同。背诵字母时，该情境决定你更可能看到一个字母。而数字情境令你看到一个数字。情境使你产生了一种知觉定势。这种知觉定势使你以某种特定方式感知事物。

图5—1　你感知到了什么？

From *Inversions*, by Scott Kim. Copyright © 1989 scott Kim. Used with permission of W. H. Freeman and Company.

你可能已注意到，在图5—1中，把对象知觉为13要比B困难些。因为你首次感知到的对象是个字母。一旦确立了知觉定势，通常很难改变。例如，请看图5—2。你看到了什么？虽然这是一幅著名的反转图形，但许多人仍难以看到它的另一面。如果你先看到一个大鼻子老妇人向左方看去，你可能就很难看出一个年轻女性的脸正背对着你，反之亦然。每次我在班上展示出这张

挑·战·你·的·成·见
第5章 眼见真的为实吗？

图时，总是有一些学生无法看到两种形象。一旦他们以某种特定方式感知了这幅图，那他们就没有办法克服已有知觉定势去感知别的东西。因此，刺激物（首因效应）的先前经验能在个人内部建立起知觉定势。知觉定势的重要性在于，它表明可以改变知觉的不仅有刺激本身，还有观察者自身内部因素。你是否曾在熬夜看完恐怖电影后"听到"房间里令人毛骨悚然的声音？这部电影令你害怕这些声音。但是，假如你看的是喜剧片，这些声音根本不会使你惊恐不安。尽管朋友可能去劝你说，这些仅仅是房子里再普通不过的声音了，但你歪曲了的知觉还是认为"真的"有危险。（参见图5—3的漫画）

图5—2 你看到的是谁？

From "A New Ambiguous Figure," by E. G. Boring, 1930, *American Journal of Psychology*, 42, 444–445. Copyright © 1930 by the Board of Trustees of the University of Illinois Press.

挑·战·你·的·成·见
第5章 眼见真的为实吗？

图 5—3 恐怖片的首因效应

Reprinted with special permission of King Feature Syndicate.

期望

让我们看看其他一些能在观察者内部建立起知觉定势的变量。期望在确定知觉方面起到了相当重要的作用。曾有很多次，你为了找出是否有打错的字而一遍遍地校对自己的学期论文。你觉得已经找出所有错误，可文章一交上，你的老师就挑出了毛病。这是期望影响知觉的好例子。你知觉到的无误不仅仅是刺激的产物，也是你自身期望的产物——你没有找出错误是因为你对论文要阐述的内容已有所了解。在你校对论文时，那些期望影响了你的知觉。你是否曾注意到，厨师试新菜时，直到你品尝过菜之后，他才会告诉你配料是什么，为的是不使你受期望的影响。因为我不喜欢蘑菇，我的妻子从不告诉我菜里加了蘑菇。如果我知道菜里有蘑菇，我就会以一种消极的方式歪曲对这道菜的知觉。

触觉研究中也发现了类似的期望效应。迈尔、格罗斯和图伯（Meyer, Gross & Teuber, 1963）触摸了被试手上不同的位置。

挑·战·你·的·成·见
第5章 眼见真的为实吗？

在这之前告诉一部分被试将碰哪个部位，另一部分则没有被告知。研究者发现，与没有预期的被试相比，知道要碰哪里的被试（当前期望）能察觉出更轻微的触摸。你如果知道自己将拼错哪些单词，或许就能更准确地发现学期论文中打错的字。期望的确歪曲了我们的知觉。

学习

学习是另一个影响知觉的机体变量。我们所掌握的信息影响了认知周围世界的方式。学习影响我们的一个重要方式是，它提供了一个情境，我们在其中加工并感知信息。此时此刻，就在你坐着的地方，你能想象出医院或是牙医诊所的味道吗？想象那种味道时，你感觉到后背哆嗦了一下吗？学习影响了你对那种气味的解释——只有把这种气味与经常发生在医院或牙医诊所里不愉快的事情相联系时，这种解释才有意义。

帕尔默（Palmer，1975）在一项知觉任务中展示了情境的重要性。图5—4呈现了帕尔默实验中的刺激样本。如果被试先看两秒钟图5—4左边的那张幻灯片，紧接着看右边的三张幻灯片（a、b、c）里的一张，那么识别右边幻灯片所呈现的内容就很容易了。注意，图5—4中，面包（a）能与前一张幻灯片（厨房）联系起来，而邮箱（b）和鼓（c）却没有。被试看完相关情境后识别物体的准确度（83%）几乎是看完不相关情境后的两倍（44%）。与通过学习获知的相关情境联系后，认知将变得更为简单。

挑·战·你·的·成·见
第5章 眼见真的为实吗？

图 5—4　取自帕尔默实验中的刺激物

From "The Effects of Contextual Scenes on the Identification of Objects," by S. E. Palmer, 1975, *Memory and Cognition*, 3, 519 - 526. Copyright © 1975. Reprinted by permission of Psychonomic Society, Inc.

动机

另一个能歪曲我们知觉的因素是动机。特定条件促使我们感知周围环境中特定的事物，或是以某种特定方式去感知环境。还记得和一个跟你支持不同球队的人一起看球赛时的情形吗？你们正在看同一场比赛，由同一个裁判做出同样的裁决。但你们对裁判所做的那些裁决却有截然不同的看法。例如，你的朋友可能认为裁判做了人生中最正确的一次裁决，而你却坚信裁判的眼睛有问题。这里，你的知觉（和你朋友的知觉）被各自的动机影响了——你们对各自球队的支持。你是否注意到，观看没有你所喜爱的球队的比赛时，裁判看起来更加英明。你是否真的认为裁判在那个情形下做出了正确的裁决？或者说，这个结果是否可能因为你对这场比赛的动机相当低？让我们再仔细看一些能显示出动机影响知觉的研究。

许多实验都研究了饥饿对知觉的影响。桑福德（Sanford）进行了两组实验，他分别呈现给儿童（1926）和大学生（1937）一些词语和图片，让被试说出这些词语的关联并解释图片。两个实验中，桑福德都发现近来吃不饱的人对于刺激表现出更多的与食物有关的反应。在一个类似的实验里，麦克莱兰和阿特金森（McClelland & Atkinson，1948）向一些海军士兵呈现了一系列灯光微弱的幻灯片，要求他们描述所看到的事物。和已在一小时前进食过的士兵相比，4个小时或16个小时没有进食的士兵报告说看到更多与食物有关的幻灯片和活动。因此，呈现模棱两可的刺激时，似乎饥饿动机"帮助"我们感知到与食物有关的东西。再次重申，歪曲的知觉成了"事实"。

布鲁纳和古德曼（1947）测验儿童对硬币尺寸的知觉时，研究了动机的另一个侧面。让十岁的儿童看一些硬币，或是看一些和硬币同样尺寸的圆形硬纸板。在和纸板刺激物的尺寸相匹配这方面，孩子们做得非常准确；但过高估计了硬币尺寸的大小，从15％到35％不等。布鲁纳和古德曼猜测，儿童所看到的硬币的价值导致他们夸大了硬币的尺寸。布鲁纳和古德曼把这些儿童分为"富组"和"贫组"（以儿童的生活区为基础）。他们发现，贫穷的儿童更易夸大硬币的尺寸。看起来，刺激的动机水平越高，对知觉的影响越大。

挑·战·你·的·成·见
第5章 眼见真的为实吗？

兰贝特、所罗门和沃森（Lambert，Solomon & Watson，1949）进一步深入布鲁纳和古德曼的研究，指出动机和知识共同影响知觉。他们让儿童（3至5岁）调整光圈使其与扑克牌的大小相匹配。一半儿童能得到扑克牌，完成任务后可用扑克牌换糖果。另一半儿童完成任务后直接获得糖果。与直接拿到糖果的儿童相比，已知扑克牌有价值的儿童把扑克牌的尺寸估计得更大。一旦儿童习得刺激物有价值，他们就会将其感知得更大些。有趣的是，实验者不再给扑克牌交换的糖果时，儿童对扑克牌尺寸的估计就逐渐下降，直到和早先认为扑克牌无价值的那一组一样。很明显，大小知觉的影响和刺激物价值有关。

违反批判性思维之处

用WYSIWYG方法进行感知违反了第五条准则（避免过分简单化），认为感知就像一台复印机或照相机拍照一样，不添加个人色彩。要确定感知是取决于刺激和机体变量，就要遵循第七条准则（下结论前检验可用论据）。切记要避免只寻找支持一方论点的论据！

思考先入为主的观念

我们的所见的确为实吗？本章中所述的不同形式的知觉定势（先前刺激、期望、学习、动机）证实了一种观点，即机体变量的确影响知觉——我们内部的信息影响了我们对"外部事物"的

解释。知觉经常以这种方式受到影响，所以，认为知觉仅是我们所见（听、触、嗅、尝）的产物是一种过分简化的观点。为了充分解释自己的知觉，我们必须考虑大量的内部因素。

然而，断定只有内部变量影响我们的知觉是有道理的吗？当然我们不能排除包括真实刺激在内的因素。正如坚持说观察者变量在感知中不起作用是愚蠢的一样，下面这种结论也同样是愚蠢的：正在看的、听的、嗅的、尝的或接触的不属于感知过程。我们必须加工刺激信息，这样这些基本材料就能发挥作用。知觉通常是两种过程同时起作用的混合物。我们感知现实世界时，总是带着过去的记忆。我们遇到的各种事情可能在自身内部建立起期望、动机或其他知觉定势。当我们第一次注意到周围环境中的一个刺激物时，机体变量和从刺激物本身提取的信息互相作用，组成了完整的知觉。在这种情况下，我们先入之见的观念只是部分正确而已。

总结

本章中，我们了解了一些关于批判性思维的有趣的事情——它不是简单地权衡对立面的论据，也不是仅选择有更多论据支持的一方。两个相反的观点经常由一些折中方式达到妥协，似乎这种折中办法在知觉中必不可少。无论是刺激变量还是机体变量，都不能单独充分解释我们是如何感知环境的。当我们认识到两个因素都对感知机制起作用时，最后我们就可以解释说，两种因素发挥了很好的作用。

挑·战·你·的·成·见
第5章 眼见真的为实吗？

批判性思维练习

1. 有没有一个知觉的例子仅适合于WYSIWYG的处理方式？如果有，这种处理方式单独运用时有哪些特点？如果没有，原因是什么？

2. 假如只有刺激变量影响感知，你的感知会是什么样子？它会怎样影响你与周围环境互动的方式？

3. 回想你的一段经历，在那段经历里你所感知到的事物并不是真实存在的刺激。这是机体变量影响感知的一例。解释一下为什么是环境而不是刺激本身改变了你的感知。

4. 列出5种食物，以特别的方式着色（例如，绿色的炒鸡蛋、蓝色的土豆泥）。让5个朋友给这些有颜色的食物评等级，从1（厌恶）到10（美味）。计算每种食物得分的平均数，找出得分最低和得分最高的食物。对每种评价提出假设——是什么机体变量使得一种奇特颜色的食物比其他的更令人产生食欲？

5. 看图5—5，你感知到了什么？这是另一个可以有多种解释的示例图形（一只老鼠或一个人）。图形中哪些刺激变量影响了你的感知？哪些机体变量影响了你的感知？把图拿给朋友看，直到你找到一位与你感知到不同形象的人。问这个朋友一些问题，以便你能找出是哪些刺激变量和机体变量影响了这个人，使其产生了与你不同的知觉。

挑·战·你·的·成·见
第 5 章 眼见真的为实吗？

图 5—5 你感知到了什么？

From "The Role of Frequency in Developing Perceptual Sets," by B. R. Bugelski and D. A. Alampay, 1961, *Canadian Journal of Psychology*, 15, 205 - 211. Copyright © 1961 Canadian Psychological Association. Reprinted by permission.

第6章
催眠能帮助我们
唤回记忆吗?

第6章 催眠能帮助我们唤回记忆吗？

也许你和大部分人一样，偶尔会回想不起来某件事情。催眠所宣称的一个好处是，它能帮助人们回忆起所遗忘的信息，此种现象被称作记忆超常（Hypermnesia）。洛夫特斯（Loftus，1980）发现，所调查的人中大约有75%都同意这种说法："我们后天所习得的每件事都长期地储存在大脑之中，只是偶尔无法提取某些特定细节。可有了催眠或其他一些专业技术，那些我们无法正常提取的细节最终都能找回来。"（p.43）沃尔贝格（Wolberg，1982）所著的一本催眠书是用以下故事开场的：

> 某天，一个健忘症患者精神恍惚地走进某公立医院的急诊部，一位技艺娴熟的实习生对他进行了催眠。几句话后，这位患者想起了一切。

哇！如果催眠能帮助人们找回所有失去的记忆，那它应该能帮我回忆起我的车钥匙放哪了，或者是帮我解决类似的健忘问题。沃尔贝格的故事把催眠归为神秘疗法一类了。如果催眠能帮助记忆，那它就应该有很大的实际意义。我们仔细看看那些催眠影响记忆的证据吧！

沃尔贝格坚信能通过催眠恢复被掩埋的记忆，并引用了自己的诊断案例来证明这个观点。例如，他治疗了一名长期患有梦游症的女患者。每当她犯病时就会把自己锁在衣橱里。次日早晨，她的丈夫就会发现她仍然在衣橱里呼呼大睡。这位女患者也不能解释自己的行为。通过催眠,她回想起孩提时一旦跟母亲闹别扭就把自己锁在衣橱里,为的是让母亲不得不到处去找她。而结婚之后,每次和丈夫发生争执时,她也会做出同样的行为。在沃尔贝格提到的另一个案例中,他用催眠找回了相关的记忆,然后通过咨询治疗其病症。

执法与催眠

关于催眠能帮助记忆的信念大多来自于执法工作中。阿伦斯(Arons)把催眠技术教授给警方调查员,他提供了许多有关催眠用于协助警方调查的报告(1967)。报告里有日常生活中常常出现的事件,如帮助一个12岁的男孩回忆出肇事逃逸车车牌的最后两位数字。也有些较为戏剧化的事情,比如通过催眠使一个完全失忆的成年男性记起他一生中所有的事情。阿伦斯的报告里甚至还有一个杀人犯在催眠后坦白罪行的案例。最初,尽管执法官不情愿利用催眠术,但随着催眠对恢复目击者记忆力的帮助越来越大,执法官也开始逐渐接受了催眠术。史密斯(Smith,1983)细述了催眠用于洛杉矶警方、纽约警方、美国联邦调查局、以色列警方以及英国哥伦比亚警方的情况。洛杉矶警局发言人以下面这种方式解释了如何使用催眠术:

> 通常,当一个人遭到枪击、抢劫、殴打或其他袭击时,他(她)就会采取防卫措施。他们保护自己免于恐惧、焦虑以及受到其他精神创伤。出于生存本能,他们隐藏过去所受到的伤害。通过催眠,我们可抑制意识,并能与潜意识进行

交流,来释放隐藏在其中的东西。(Loftus,1980,pp.56-57)

正如史密斯指出的那样,基于我们在电视上、电影中、新闻杂志里看到的许多和催眠有关的轶事以及犯罪报道,我们几乎可以肯定这种恢复记忆的方法是非常有效的。

疗法与催眠

基于治疗和法律两方面的原因,治疗师使用催眠术来揭露创伤事件的细节部分。加德纳和奥尼斯(Gardner & Olness,1981)总结了一个17岁的女孩遭到轮奸后患了失忆症的临床案例的研究成果。催眠之后,女孩能够回忆起整个事件。后来,在整个治疗过程中,这起事件带给她的情感创伤逐渐愈合了。

成人退行(Age regression)是通过催眠使得回忆发生变化的一种现象。催眠之后处于成人退行现象中的人回到了其早期时代,而不仅仅是回忆起发生在早期的事(Hilgard,1977)。出现该种现象的人的言谈举止方式,通常是与所退化到的那个年龄阶段的言谈举止的方式相一致的(Nash,1987)。沃尔贝格(1982)叙述了这样一个案例:一个癫痫病人退化到他首次发病前的年龄阶段时,脑电图记录的脑电波没有显示出任何不正常的迹象。而当病人退化到首次发病后的年龄阶段时,脑电图记录的脑电波则显示出了癫痫症的迹象。一些催眠师相信,他们能把人们退回到婴儿期、孕育期甚至更早的时期(Hilgard,1977)。

显而易见,许多人坚信催眠有能力帮助人们唤回记忆。根据

挑·战·你·的·成·见
第6章 催眠能帮助我们唤回记忆吗？

奥恩和丁格斯（Orne & Dinges，1989）所述，"用催眠术禁锢或唤醒记忆过程已有很长的历史，且一直富有争议。但这种争议一直持续至今并普遍存在于临床医疗中"（p. 1505）。需要争论吗？争论些什么呢？

史密斯（1983）试图通过比较使用催眠术的案件报告和实验室研究的区别，来弄清楚在法律情境下使用催眠术引起的争议。主要区别有两点：第一，案件报告中，用催眠唤起记忆的方法常常没有客观事实根据。虽然有报告说，用催眠能使目击者记起犯罪车辆的车牌号码，但这样的"记忆"大部分到头来都是错误的。如果没有客观证据，要证实成人退行现象中产生的记忆就很困难了，尤其是关于退行能否带人们回到许多年前。第二，案件环境中并没有提供控制组，我们不得不假定产生的回忆是催眠的产物，且这种回忆不会主动出现。史密斯指出，可能催眠情境中有许多其他的变量可用来帮助记忆——比如轻松的氛围，或是更多更仔细的细节询问。另外，为什么仅有部分人能积极回应催眠呢？那是因为这些人自身具有的某些东西能使他们在特定情景下更容易被唤回记忆。让我们看一些涉及催眠与记忆的代表性研究。

催眠的实验室研究

库柏和伦敦（1973）让被试阅读一篇简短而真实的文章，并于两周后根据这篇文章让被试进行一次简短的测试。被试进行两次回忆，一次是在清醒状态，而另一次则是在催眠状态下。其中

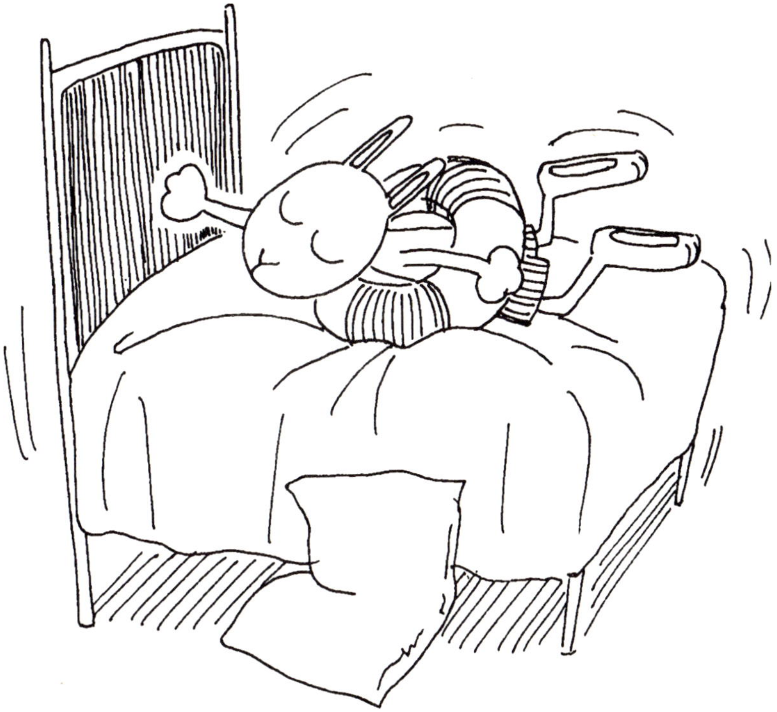

一半被试清醒时先进行回忆，另一半则催眠时先回忆。库柏和伦敦发现，没有证据可以证明催眠状态下的被试比清醒状态的被试回忆起更多信息（两者都回忆了文章中大约九项内容）。然而，第二种测试下的被试的确比第一种测试中的被试回忆出更多的信息。(9.2项 vs 8.5项)。史密斯（1983）注意到，在现实世界里，犯罪现场的目击者往往先提供清醒状态下的回忆报告，然后才是催眠状态下的回忆报告。因此，很明显催眠中加强的回忆实际上对两个回忆报告产生了简单序列效应。

丹尼斯和伦迪（Dhanens & Lundy，1975）让人们阅读一篇简短的传记并记忆 13 条无意义的词语。一周后，被试在正常清醒状态下试着回忆这些词语，并于催眠状态或不催眠状态下尝试进行第二次回忆。一些没被催眠的被试和被催眠的被试回忆起的词语一样多。

尽管这些实验室研究没有支持所谓的催眠回忆的优势，但实验室研究与犯罪情境有明显的差异。史密斯（1983）注意到，这些差异能为催眠在犯罪情景中唤回记忆创造更合适的条件。因此，研究者正试图将实验室中对催眠回忆的详细研究应用于更生活化的情景中。

帕特南（Putnam，1979）挑选了一组极易被催眠的被试，并让他们观看汽车和自行车相撞所引起交通事故的一段录影带。其中一半被试是在催眠状态下被询问事故情形的。帕特南并没有发现被催眠的被试与没有被催眠的被试之间在回忆方面存在着差异。史密斯（1983）引述了相似的结论，用催眠来回忆教室模拟犯罪和抢劫银行影像对于训练银行出纳员并没有显示出什么有益

第6章 催眠能帮助我们唤回记忆吗？

之处。因此，更为现实的犯罪情景看起来没有对催眠下的回忆产生什么益处。

除了没有发现催眠回忆的优势之外，部分研究者还揭露了催眠回忆的重大缺陷。在帕特南（1979）的研究中，有关汽车和自行车的交通事故的问题，包括六个导入性问题——所设计的这些题目隐含着错误的细节和事件。回答这些诱导性题目时，催眠状态下的被试比没被催眠的被试犯了更多错误，但他们对自己的答案都十分有信心。关于抢劫银行录像的实验也发现了相似的结果（Smith，1983）。

希尔斯特伦（Kihlstrom，1985）在一个催眠效应的评论中总结说："鉴于这些研究结果，坚持催眠能有效帮助记忆这一说法，似乎很难站得住脚了。"（p.395）奥恩和丁格斯（1989）补充说，催眠"的确使人们更愿意且十分肯定地报告之前不确定的记忆"（p.1516）。这样的结果令人感到遗憾，因为对证词坚定的信心会使得证词更显得可信（Wells et al.，2000）。奥恩和丁格斯（1989）也总结说："那些被催眠的人明显倾向于在只有一点或根本没有信息可回忆的情形下进行捏造并歪曲记忆，使之与自身的信念、希望和想象相符合，并把导入性提问中的线索进行整合，将它当成了真实的记忆。"（p.1516）

对于催眠引起的成人退行现象同样也有许多负面的结论。例如，奥恩（Orne，1951）对九名易被催眠的大学生进行了催眠，使他们退回到六岁（生日晚会后的一天）。学生们接受了罗夏墨渍测验，画了几幅图片，写上了自己的名字以及几句话。几天后，他们假装成六岁大的儿童并完成同样的任务（未被催眠）。

第6章 催眠能帮助我们唤回记忆吗？

与催眠产生的结果相比，罗夏墨渍测验的结果并没有显示出任何孩子般的回答方式。虽然图片和话语看起来像是孩子的手笔，但仍显出矛盾之处。虽然图画混合着不成熟和成熟的部分，但事实上催眠时画的画比想象时画的要更为成熟。写的话看似不成熟，但有时相对六岁大的小孩而言却过于老练。如一个学生写道（无拼写错误）："我正在进行一项实验，可以评估我的心理容量。"（Orne，1951，p.219）奥恩把观察到的行为变化归因为"扮演的角色"，而不是催眠引起的成人退行现象。

希尔斯特伦（1985）的评论中提到，在成人退行现象的研究中，无论是积极还是消极的研究结果都已是相当普遍。纳什（1987）回顾了80个关于催眠成人退行现象的研究，总结说："催眠能使被试准确体验儿童时代的事情或是退回到成熟之前发展的思维功能模式中这种观点是毫无根据的。"（p.49）纳什进一步发现，单个被试研究中有83%的研究成果是支持催眠可以使成人退行现象成立的证据，但多个被试研究中只有16%且经过仔细设计后才能得出同样的证据。奥恩和丁格斯坚持称："通过催眠引起的成人退行现象重新获得准确记忆的信念并不能由仔细的研究得以证实。"（p.1515）

违反批判性思维之处

处理有关催眠的问题时，批判性思维的很多准则都没有用上。让我们看看其中比较主要的两条。第三条准则（保持怀疑态度）经常被忽视——催眠的支持者们似乎准备好相信催眠能成就

挑·战·你·的·成·见
第6章 催眠能帮助我们唤回记忆吗?

万事。记住:如果一件事看起来过于真实,那它往往不是真的。另外,第七条准则(检查可用的证据)似乎在两个方面都遭到了忽视。催眠支持者们不仅没有寻求相反的证据,同时也忽略了一个事实,即他们所谓的"证据"本质上是不可操作的。

思考先入为主的观念

为什么人们已准备好相信催眠能帮助回忆呢?他们可能看了一则耸人听闻的新闻报道并信以为真。我们没去核实真相,就没有批判性地去思考问题。你知道吗?美国有一些州并不采信利用催眠术而得来的法律证词。他们认为催眠篡改了目击者的记忆(Scheflin & Shapiro,1989)。此外,虽然许多专业机构如美国医学协会、美国心理学协会、美国精神病学会和英国医学会都赞成将催眠应用于医疗技术,但没有一个机构赞同用催眠帮助目击者或受害人进行回忆(Orne & Dinges,1989)。实际上,美国医学协会于1984年正式通过一项决议,反对用这种方式使用催眠术。

关于催眠能帮助回忆的先入为主的观点里存在着这样一个问题,即许多支持的证据都来自于奇闻轶事报道、执法报道和个案研究。这些证据都存在着主观性的问题,虽然主观性有时能帮助我们准确地"找到"所寻求的东西,却不能用来下结论。由于通常只有一个被试,所以靠这样的证据进行概括并非易事。最后,正如史密斯(1983)提到的,用这三种收集数据的方法是不可能获得客观证据或控制组的。所有这些问题并没有排除掉催眠帮助回忆的可能性,所以我们的确无法肯定地下结论说:催眠导致记忆量的增加并继而可以测量出增加的量。

总结

在本观点中，关于催眠回忆的底线并不很明确。很难下结论这一事实正说明了第一条准则的重要性，运用批判性思维技能审查各方面问题的同时，也要保持其灵活性。如果我们只依靠一些先入为主的观点，那么我们对于催眠可以帮助回忆就不可能存在任何疑问了。只有通过检验经验证据的正确性，我们才能发现那些先入为主的观念可能是错误的。记住将来做任何决定之前都要考虑到事情的所有方面。

批判性思维练习

1. 阅读本章之前，对于催眠及其效果你存在哪些先入为主的观点？这些观点是如何形成的？你认为人们为何如此乐意接受几乎所有有关催眠的信息？

2. 利用催眠来帮助回忆是建立在假设每件事都长期记录在我们记忆中的基础之上的。为什么这种假设是必需的？如果研究显示这种假设不正确，对于催眠回忆又会有怎样的影响呢？尤其是如果假设是错误的，本章的结论可能会发生怎样的变化呢？

3. 试着回想你的六岁生日的情景，尽可能写下那天发生的细节。将纸叠起来并放在一个安全的地方。第二天做同样的事情（要求不参考第一天所写下的内容）。第三天也重复这个练习，并尽全

第6章 催眠能帮助我们唤回记忆吗？

力回忆。然后，比较三张纸中记录下的回忆信息。第二天和第三天是否比第一天回忆得更多？三张纸上有不一致的信息吗？你怎样解释这种不同，是有增加的信息、忽略的信息还是有相互矛盾的信息呢？该实验对于典型的催眠回忆个案研究有什么隐含意义吗？

4. 想象你是一名律师，在处理一起案件。主要目击者的证词是通过催眠获得的。

a. 以辩护律师的身份写一篇文章，其中你试图让法官驳回诉讼。

b. 以原告律师的身份写一篇文章，其中你试图让法官受理此诉讼。

5. 假设有个朋友来拜访你，向你透露她潜意识里感觉到自己在儿童时代曾经遭受过性虐待。她告诉你想试试催眠的方法来证实这是否是真的。你会怎样回应她？

第 7 章
条件反射和广告效应

挑·战·你·的·成·见
第7章 条件反射和广告效应

为什么我们只会买某些商品？为什么我们只会喜欢某些品牌？为什么我们会买X牌而不是Y牌的汽车？为什么我们在知道自身喜好之后却愿意用新产品、未曾使用过的产品来代替原先喜欢的产品呢？要想处理这些消费者行为的问题，并不是简单几句就可以回答的。虽然在本书中就这个问题没能给出一个完整的答案，但是在本章中，我们将会针对这些我们之前可能从未考虑过的问题中的一个方面进行一些简单的探讨。

当我们思考这些问题时，大部分人所做出的都是些存在先入之见的回答，比如："我会先比较各个商品的价格、质量以及特点，然后在其中做出一个选择。"当然，能做出这种类型回答的消费者被看做是聪明的、理性的、有思想的消费者。这也是当我们在政治选举中被询问做怎样的选择时而使用的答案类型。

然而，当我们做出购买选择甚至投票选择时，有一些更为基本的因素吗？做选择时我们是否可能依靠了本能或直觉？让我们来简单回顾一下经典条件反射吧！

经典条件反射

或许你记得的经典条件反射是关于一只狗听到铃声或是一些类似刺激时，就会分泌唾液。一只流着口水的狗和我们的消费者行为之间有什么联系呢？让我们回想一下，狗听到铃声后条件反

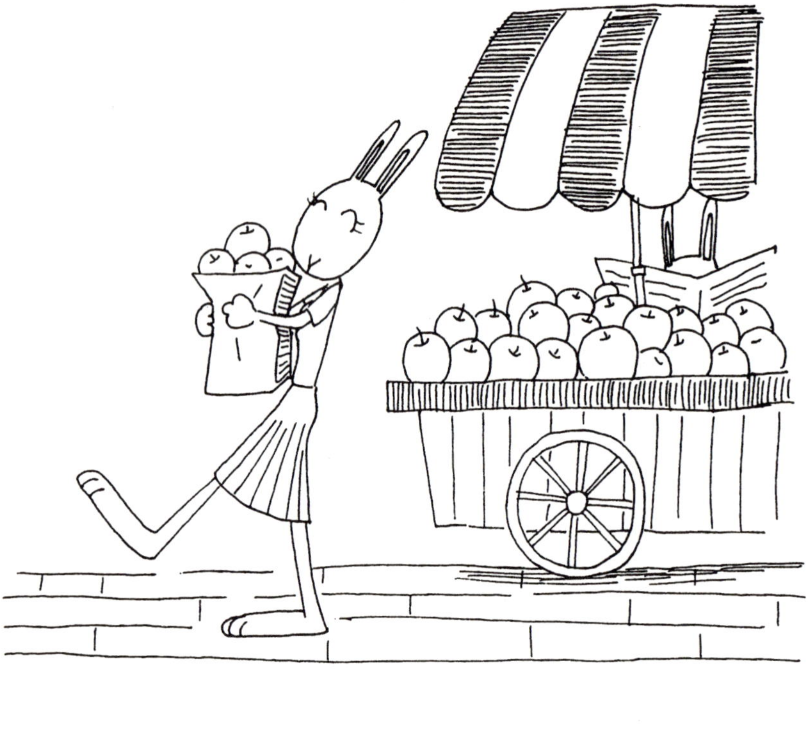

射性地分泌唾液,当时的情况到底是怎样的?作为中性刺激——铃声(条件刺激或称 CS)和另一种刺激——肉末(无条件刺激或称 UCS)总是成对重复出现时,狗就会自动产生分泌唾液的反应。在多次成对出现这些刺激之后,铃声逐渐能导致反应(分泌唾液,现在已经是条件反应,或称 CR)。因此,通过与有意义的刺激成对重复出现,铃声也获得了相关的意义。

或许你还记起了经典条件反射能用于诱发情绪反应。还记得华生的小艾尔伯特实验吗?华生多次重复呈现成对的刺激,即巨大的声响(UCS)和白鼠(CS)。巨大的声响很自然地会导致人产生恐惧感,而且艾尔伯特把这种巨大的声响和白鼠联系起来,因此,艾尔伯特由最初很喜爱白鼠转变为害怕白鼠。如果广告商能利用经典条件反射诱发出消费者对商品的正面情绪,那我们会更喜爱该商品吗(购买更多商品的潜在性)?让我们看看证据吧。

条件反射和评价:正面研究结果

史密斯和恩格尔(1968)设计出一张汽车的平面广告,将它呈现给被试们(男女都有)观察,并让他们评价广告中的汽车。其中一半被试看到的广告是有个女模特站在汽车旁边;而另一半被试看到的是一样的广告,只是没有女模特而已。模特仅仅是站在车旁,并没有用任何方式与之配合。模特的照片取自《花花公子》杂志,她穿着黑色蕾丝裤袜,无袖线衫。看到有模特的广告的被试评价汽车更吸引人、有朝气、充满青春活力且设计得更好。这些人同样也认为这辆车更贵、更快、更安全且功率更大。

史密斯和恩格尔询问过一些被试,是否由于模特的存在而影响了判断,可他们都否认这一点。基于你已有的观念,你可能料到被试们会否认模特影响了自己的看法。被试们做了一些诸如此类的评价:"我自身的判断不会受到事情本身以外的任何因素的影响,那些只是宣传伎俩。""我从不会受广告的蒙蔽,只有汽车本身才是最重要的。"(Smith & Engel,1968,p.681)尽管不能说确实产生了条件反射,但被试在进行评价时是有可能把模特和汽车联系起来的。

戈恩(Gorn,1982)也许是第一个测试经典条件反射是否会对商品喜好产生影响的人。戈恩告诉被试,他们正在听一段钢笔广告的音乐,并且某家广告机构已经选定了这首曲子。他使用两种音乐选择——喜欢或不喜欢该曲子,以及两种颜色不鲜艳的钢笔——蓝色和米黄色钢笔来做预先测试。每个人都会参加四组里其中的一组:蓝色或米黄色钢笔分别会与喜欢的曲子或不喜欢的曲子成对组合。被试听音乐的同时观看某种颜色的钢笔的幻灯片。在此之后,每个人都要对音乐做出评价。离开后,由他们自由选择是要蓝色钢笔还是米黄色钢笔。戈恩发现,音乐喜好的不同,强烈影响了钢笔的选择:79%的被试选择了与喜欢的音乐相搭配的钢笔颜色,只有30%的被试选择了与不喜欢的音乐相搭配的钢笔颜色。戈恩总结说,通过条件反射,音乐喜好与选择钢笔的某一种颜色相联系。被试倾向于选择听到喜欢的音乐时看到的钢笔颜色。而听到不喜欢的音乐时,他们更可能选择那时没有看到钢笔颜色。

戈恩的实验带动了更多关于经典条件反射影响广告和消费者

的研究。例如，比尔利、麦克斯威尼和万尼柯克（Bierley, McSweeney & Vannieuwkerk, 1985）就发现，如果几何图形与《星球大战》的音乐一起出现，那么人们对几何图形会有更高更好的评价。斯图尔特、西普和恩格尔（1987）表明，"L品牌"的牙膏与怡人的田园风景成对出现时会提高消费者对该牙膏的评价。

条件反射与评价：负面研究结果

尽管前面只提到一些成功的研究实例，但涉及经典条件反射和产品评价的研究也发现了一些既有正面又有负面的结果。格雷沙姆和西普（1985）试图用喜欢和不喜欢的广告测试对十种不同品牌商品的影响。其中只有三种商品证实了他们预期到的条件反射的作用。布莱尔和西普（Blair & Shimp, 1992）成对呈现出品牌和不喜欢的音乐，并用此方式培养出消费者对虚构的衬衫品牌的负面态度，可他们却不能用喜欢的音乐培养出消费者对虚构品牌的正面态度。

一些关于经典条件反射和评价的研究已明确发现了负面结果。艾伦和马登（Allen & Madden, 1985）试着仿效戈恩的实验（1982），他们将不同颜色的钢笔与愉快和不愉快的情绪相联系，而不是用音乐与颜色相联系。研究表明情绪并没有影响对钢笔颜色的选择。凯勒瑞斯和科克斯（Kellaris & Cox, 1989）则更加精确地模仿了戈恩的实验，成对呈现出喜欢或不喜欢的音乐与不同的钢笔颜色。他们也没有发现可以证实被试选择钢笔颜色受到音乐影响的证据。

第7章 条件反射和广告效应

理解不同的研究结果

回头再来看看这些证据，我们发现了很多互相矛盾的研究成果。这种情形之下，要避免先入为主的观点，运用批判性思维就显得尤为重要了。先入为主的观点经常使我们偏离正确轨道，无法找到正确答案。也因为这点，我们可能选择去相信自己发现的可证实自己观点的第一份证据。当然，这种行为不能成为运用批判性思维的例证。

当我们面对不同的研究结果时，批判性思维为我们继续探索提供了一些可行的方法。第一种方法当然就是评估那些有争议的研究结果，明确研究自身是否存在问题。如果研究本身就存在问题，那么相应的研究结果自然是有争议的。不考虑这些有问题的结果的话，可能就不存在任何争议了。第二个方法是通过总结各种看似正确的研究结果，使我们完全远离那些存在争议的问题。此种方法中，批判性思维者通常寻求一种全新的解释——能把不同的研究结果结合起来并形成相互一致的观点或理论。第三种方法和第二种方法相比，大体上是差不多的，只是它不能形成相互一致的观点。这种方法中，批判性思维者必须确定在当前条件下得到一个明确的结论是不太可能的。

研究经典条件反射以及评价时，我们要遵循什么样的准则呢？由于本章中所引用的各种研究都没有明显的缺陷，因此为了找到一种统一的原理或理论来解释这些研究结果，我们应该仔细地查验其他文献。戈恩（1982）进行了第二次实验，文献中很少

挑·战·你·的·成·见
第 7 章 条件反射和广告效应

提到此次实验（他的第一次实验支持了钢笔选择的经典条件反射作用，人们特别关注这个实验结果）。在这次实验中，被试对与喜爱的音乐成对出现的钢笔进行评价，也对与有关的重要信息同时出现的笔作评价，并评估这些销售手段产生的影响。在看到广告之前，一半被试被告知他们可以在实验后自由选择拿走一袋钢笔，剩下的一半被试是直到实验结束后才得知可以自由取走钢笔。正如戈恩预测的，之前被告知的被试对于以信息为广告形式的钢笔表现出了强烈的喜爱（71%）。之后被告知的被试更喜欢以音乐为广告形式的钢笔（63%）。戈恩相信，提前把人们放入抉择模式中会使他们更加注意商业广告中包含的信息。换句话说，戈恩认为，没有提前思考要选择什么的人会更易受到条件反射的操纵。

佩蒂和卡乔波（Petty & Cacioppo，1986）在他们的态度改变的详尽可能性模式中使这种结果得到了概念化。他们提到有两种途径可以改变态度：中央路径和周边路径。前者用于人们卷入一个问题中且愿意思考时，后者用于人们并没有深度卷入一个问题的情况下。根据佩蒂和卡乔波所说，周边路径能利用和信息无关的因素，像传达者的外貌吸引力或是威望，周围环境多么令人愉悦等等。因此，这个模式预测，有批判性思维的买家会受到资料信息的影响，而不会去理会那些天花乱坠的宣传。那些随便的、没有经过深思熟虑的消费者则会更易受到要闻简报的影响，而不去关注实物本身。佩蒂、卡乔波和许曼三人（Petty, Cacioppo & Schumann，1983）虚构了一则剃须刀广告让被试阅读，并从两个方面操纵被试及其卷入程度，即告诉一些被试该剃刀不久

第7章 条件反射和广告效应

就会投放到他们所在地区的市面上,还向他们承诺剃须刀是完全免费的。另外,剃须刀广告在信息资料和是否用名人代言上存在区别。结果表明,高卷入的被试(有机会买到剃须刀的人)最易受信息类广告(中央路径)的影响,而低卷入的被试(买不到剃须刀的人)则更易受名人代言的广告影响(周边路径)。

布鲁纳回顾了16个将音乐看做是影响市场的潜在因素的研究。他总结说:"对商品具有高感性和/或低认知的消费者而言,音乐可能发挥最大的影响力。对于大多数消费者,符合这种描述的商品包括珠宝、运动服、化妆品和啤酒。"(p.101)同时他也指出,高认知的消费者——比如买车、电脑和保险的人,较少受音乐影响。布鲁纳的结论明显符合详尽可能性模式。

看起来,详尽可能性模式能解释本章中归纳的经典条件反射及其评价数据。在做购买决策时,相对于那些对产品漠不关心或是毫无兴趣的消费者来说,经典条件反射会对那些潜在的消费者要如何选择产生影响。如果广告商能通过经典条件反射制造对商品的某种积极态度,那这种正面情绪就可能带来销售额的节节攀高。

违反批判性思维之处

当我们坚持是通过合理且理性的思考后才购买商品时,就忽略了第三条准则(保持怀疑的态度)。批判性地思考自己的行为要比思考其他人的行为难得多,但我们必须对自己保持怀疑的态度,同时也要遵守第一条准则(容忍事物的模棱两可和不确定

挑·战·你·的·成·见
第7章 条件反射和广告效应

性），以及保持开放的心态，广泛听取他人的意见。

思考先入为主的观念

我们大多数人做决策时都高估了自己的理性能力。我们必须看清自身存在的某部分倾向——自我服务偏见（Myers，1999）。我们不会轻易承认任何一种类型的广告都曾影响过自己的购买决策。然而本章中的数据揭示了我们会受到类似于经典条件反射的简单过程的影响。

有一点是很有趣的，即经典条件反射的影响过程是不知不觉的。广告商们不会去高呼"来买我们的商品吧"！与此相反，他们会用一种很平静的方式让你产生一种愉快的情绪，目的是为了让你在商场里看到同样的产品时会重新体验到当时的愉快情绪。如果你没有经过深思熟虑（低卷入），那么就可能会买这种牌子的商品。之后，你就会通过描述这个商品是多么多么好来让自己的决策看似合理化（高卷入）。经典条件反射及其评价的关键之处就在于这种微妙性——要多加小心了。

结论

你能在评价时抵抗住经典条件反射的力量吗？当然能！你想抵抗这种力量吗？可能——也可能不想吧。

详尽可能性模型揭示了你可以依靠对某个问题的高卷入性或是缺乏兴趣来抵制住经典条件反射的微妙影响。然而，它真的值

挑·战·你·的·成·见
第7章 条件反射和广告效应

得你如此麻烦地在每次做购买决策时保持高卷入性吗？如果你正要购买一部车，你肯定会回想起那个站在车旁的漂亮模特。买车是个重大决策，有很多长期的错综复杂的细节。相反，买某种牌子的牙膏、肥皂或洗涤剂就不会是个足以改变生活的重大决策（别管广告是怎么说的！）。当你需要做购买决策时，你可能不是每次都能保持高度的认知活力，因此，你会更容易用属于周边因素的经典条件反射来影响你那些不重要的决定。如果这令你困扰，那么你就要高度警惕了——留意广告里用的那些条件反射的企图，否则，你仅仅能意识到经典条件反射的影响，并且继续去买些价格更高的产品，因为那些高明的商业广告已经让你形成了一种去喜欢那些牌子的条件反射，只不过在某些场合中并不是那么重要而已。

批判性思维练习

1. 观看20则商业广告，在其中选择一条你最了解的，并用它来举例说明评价中的经典条件反射作用，并进行相关描述。这条广告为何能如此有效地利用经典条件反射？

2. 用报纸或杂志里的一则平面广告来重复做练习1。

3. 比较练习1和练习2中的两种广告类型（影像广告 vs 平面广告），经典条件反射的作用在哪一种评价中更为有效？为什么呢？

4. 运用详尽可能性模式说明35mm照相机的广告活动应强调些什么，新式快餐食品的广告活动该强调些什么。解释一下每个理论依据的特点。

5. 本章开篇时提到的投票选择作为一种决策可能受到经典条件反射的影响。鉴于本章所给出的信息，设计一个产生此种可能性的方案。另外，设计一个经典条件反射并没有影响到投票选择的方案。

第 8 章
记忆偏差

第8章 记忆偏差

如果你像大多数人一样,很久以前就放弃了记忆是绝对可靠的这种想法,你就会习惯于偶然的记忆偏差:无法记住某人的名字,忘了把车钥匙放在哪了,无法回忆起试卷里的某个专有名词。然而,你很可能继续保持对记忆精确程度的高度自信。我们喜欢把记忆想象成一个复杂的拷贝机器或是录音机。当我们进行回忆的时候,我们总是认为回忆是正确的——不是吗?本章中我们将检验记忆的某些日常偏差。这些偏差将使我们的回忆不像我们坚信的那样准确。

原有的信息

我们记忆中原有的信息可能影响我们后来所加工的信息的准确程度。在这类研究中,我们承认先入之见对记忆产生的影响。

在一项经典的研究中,巴特利特(Bartlett,1932)让被试阅读一段美国印第安人的民间传说并在间隔不同的时间段后回忆。巴特利特发现,被试的回忆情况依赖于他们原有的信息。这些被试歪曲和遗漏了印第安民间传说中他们不熟悉的细节,而添加了符合他们对印第安人的刻板印象因素的细节描述。

斯奈德和乌拉诺维茨(Snyder & Uranowitz,1978)也阐述了刻板印象对记忆的影响。被试阅读一个虚构的妇女贝蒂(Betty)的生活史,生活史中记录了她只是偶尔同男人约会的事实。

某些被试在阅读后,认为贝蒂是个女同性恋;另一些则认为贝蒂是异性恋者。被试的记忆发生了什么变化?与认为贝蒂是异性恋的人相比,那些认为贝蒂是同性恋的人很可能"记住了"贝蒂没有同男人约会。因而,先入之见以刻板印象的形式,让我们的记忆产生偏差。

坚定的信念

我们常常会形成对某种事物的判断,后来又发现从这种判断中得出的信息并不正确。下面这个例子将在逻辑上改变我们的偏见——但是能改变吗?

安德森、莱佩尔和罗斯(Anderson, Lepper & Ross, 1980)曾经让人们阅读了一段关于优秀消防员的描述,在描述中,这些表现非常出色的消防员或敢于冒险,或机警能干。然后询问被试消防员的什么品质体现了他们是优秀的消防队员。后来,被试得知消防员的冒险精神和他们的表现之间的联系是实验者编造的,真正的联系不得而知。当被试被问及消防员的品质和表现的真实的联系时,要求他们不是根据描述中的信息而是根据自己的个人信念作出回答,这时,被试的推理风格表现出很强的倾向性:他们坚持根据之前阅读过的描述中的信息对事物进行推理。

莱佩尔、罗斯和劳(Lau, 1986)发现,关于个人能力的不正确信息,将降低他的自我知觉。他们让被试尝试在教师进行指导之后揭开字谜。然后,一些人发现成功与否取决于指导的质量

挑·战·你·的·成·见
第8章 记忆偏差

而不是个人的能力和努力。然而,撇开被试所获得指导的质量的不同,在之后相似的测试中,成功的被试更加成功,不成功的更加失败。在学业能力和个人表现上的更多测试表明,这些自我知觉差别的影响持续了几周。因而,学生们较低的自我评估,是解释其失败的好原因之一。这种记忆的偏差可能在学业上造成很大的伤害。

引导性问题

你可能看过法庭戏剧。在戏剧中,律师提出引导性问题——律师试图引导目击证人说出那些其他律师都想听到的信息。引导性问题真能影响记忆吗?

洛夫特斯和帕尔默(1974)让被试观看交通事故的影片,然后就影片进行提问。洛夫特斯问一些被试:"汽车相撞时,它们的速度有多快?"问另外一些被试:"汽车剧烈相撞时,它们的速度有多快?"被问及"相撞"的被试,估计汽车速度大约每小时34英里,而被问及"剧烈相撞"的被试,则估计汽车速度大约每小时41英里。在第二项实验中,洛夫特斯和帕尔默放映了一段交通事故的影片,依然使用了上述两个速度方面的问题。一周后再让被试回过头来回答更多的关于那场事故的问题,其中包括:"你有没有看见碎玻璃?"(影片中没有出现碎玻璃)引导性问题进一步影响了被试的记忆:被问到"剧烈相撞"的被试有32%的人说看见了碎玻璃;相比之下,被问到"相撞"的被试只有14%的人说看见了碎玻璃。

第8章 记忆偏差

引导性问题也会影响一般情况下高度精确的视觉再认记忆。洛夫特斯、米勒和伯恩斯（Miller & Burns, 1978）向两组被试展示了一系列幻灯片。幻灯片描述了一辆跑车穿过十字路口撞到一个行人的情形。看幻灯片的两组人，一组在十字路口看到了让道标志，而另一组看到的是停车标志。看过幻灯片之后，就幻灯片的内容对被试进行提问。一半的人被问及一致性的问题（例如，问看到让道标志的人关于让道标志的问题），另一半被问及不一致性的问题（例如，问看到停车标志的人关于让道标志的问题）。然后就两组幻灯片进行视觉认知测试：选择他们看过的幻灯。这个严格的测试包含关于十字路口的两个幻灯片。被问及一致性问题的被试有75%作出了正确的回答，而被问及不一致性问题的被试只有41%作出了正确的回答。很明显，引导性问题改变了我们的记忆。

编码和检索信息的视角

因为人们有不同的动机、愿望和经验，我们储存和回忆信息时就有了不同的视角。这些不同的视角能够影响我们的记忆，造成记忆的偏差。你也许能够回忆曾经与朋友分享的一段经历。当你发掘陈旧的记忆时，你也许会惊奇地发现，对于同一件事情，你们两人在回忆的时候会有细微的差别。你可能被牵扯到一场事故中并有了相似的经历。你对该事故的描述与在另一辆车上看到事故的人所描述的多少有些不同。这些不同并不是试图要歪曲真相，而仅仅是由于视角差异造成的。

挑·战·你·的·成·见
第8章 记忆偏差

安德森和皮歇特（Anderson & Pichert，1978）让被试从购房者和窃贼两个视角去阅读一个关于房子的故事。与从购房者视角来阅读此故事的人相比，从窃贼视角阅读故事的人能够回忆出更多的与盗窃相关的细节（例如价值不菲的硬币收藏、未上锁的门、房屋周围防护物的高度）。从购房者的视角来看，他们能够回忆出更多关于房子细节的其他方面（例如天花板的裂缝、潮湿发霉的地下室、新的油漆）。这种视角的不同似乎对窃贼一方产生更大的影响。安德森和皮歇特这样解释这种影响：被试从电视和电影中获得的窃贼视角的信息要比购房者视角的信息多。

在被试最初的尝试性回忆之后，安德森和皮歇特又让被试进行了一次有趣的转变。他们让被试从不同的视角（窃贼、购房者和代理人）再次尝试回忆。在新的回忆尝试中，被试多回忆10%与新视角有关的信息，同时少回忆21%与新视角无关的信息。这些差别的发生应当归咎于新的视角，因为所有的信息已经被重新编码了。因而，很明显，不但特定的视角会使记忆产生偏差，而且相反的视角也会导致记忆向相反的方向发生偏差。

压力和焦虑

在日常生活中，我们能够体验到正常的压力和焦虑。这些体验可能影响我们的记忆吗？研究者已经从状态和特质的角度对此进行了研究。焦虑的状态与特殊的事件和情形有关，比如说在很多听众面前作演讲。焦虑的特质与个体有关，有些人体验到的焦虑高于常人的水平。下面我们就从状态和特质两个方面来看一看压力和焦虑对我们记忆的影响。

在目击者的证词中能找到一个有关压力和焦虑影响记忆的很好的例子。德芬贝彻（Deffenbacher，1983）指出，"关注武器"会导致对罪犯记忆的缺乏。如果在一次犯罪中，罪犯使用了炸弹，受害者会将注意力放在炸弹上而不是罪犯上。当然，把那些经历真实犯罪的人暴露在试验中是不符合伦理道德的。所以，研究者临时在实验室中创设了这一情境。举例来说，洛夫特斯和伯恩斯（1982）向被试展示了一系列描述银行抢劫案的幻灯片。在幻灯片的末尾，一半被试看见了旁观者被枪击。与那些没有看见枪击的人相比，那些看见枪击的人对幻灯片的具体细节记得的要少。这既影响了回忆（正确率4.3%∶27.9%），也影响了再认（正确率28%∶52%）。在相关的研究中，克雷默（Kramer）和同事（1991）让被试观看了旅行的场景。一半人在场景中看见了外伤尸检。与没有看见压力性场景的人（正确回忆52%的内容）相比，看见压力性幻灯片的人（正确回忆32%的内容）对尸检之后场景的记忆减少了。

西格尔（Siegel）和洛夫特斯检验了焦虑和压力对记忆的影响。他们让被试完成一套由他们设计的包含各种各样问题的问卷，通过问卷测量他们的焦虑、自我关注度和生活压力。这些被试观看了一系列描述抢钱包片段的幻灯片，然后回答30个有关的问题。洛夫特斯和伯恩斯（1982）发现，那些较为焦虑的和关注度不高的人在目击事件测验中的表现要糟糕一些。用相同的方法，扎尼和奥弗曼（Zanni & Offermann，1978）发现神经质的人

挑·战·你·的·成·见
第8章 记忆偏差

（唤起水平较高）更加有可能在回忆细节上犯错误。

一些研究真实揭示了压力条件下回忆的水平。在德芬贝彻（1983）的评论里，他认为上述研究仅仅倾向于操纵较低的唤起水平。创设更接近真实犯罪条件的高唤起水平的研究发现：压力削弱了记忆。因而，无论是临时的还是永久的压力或是焦虑都会损害记忆。

违反批判性思维之处

当我们固守我们的成见——认为记忆是完全准确的或是一个我们所目击到内容的精确拷贝时，我们违反了第五条准则（避免过分简单化）。记忆对我们来说太复杂了，所以我们不能这样简单地思考问题。因而，为了使我们不偏不倚，我们必须遵守第四条准则（区分事实和观点）和第七条准则（检查可用的证据）。当我们采用两种不同的处理方法时，我们就会发现记忆不是完全可靠的，而是受各种偏见影响的。

思考先入为主的观念

认为记忆是我们所遇到的事件或刺激的精确记录是不符合事实的。例如，我们发现，在存储记忆的时候，压力、焦虑和刻板印象都会对记忆产生影响。这也表明最初存储的记忆与最后所提取的记忆不是完全吻合的。即使是从存储的信息中进行检索时，引导性问题和不同的视角也会改变我们的记忆。因而，

挑·战·你·的·成·见
第8章 记忆偏差

显然我们应该放弃记忆是事件的完美记录的看法。我们的记忆受到各种原因的制约而被歪曲——事实上我们在记忆的时候应该更加谨慎。

总结

本章强调了记忆的可塑性——记忆是一个能动的过程。这种说法的意思是，记忆在存储和提取的过程中都会发生变化。把记忆看成是动态的和不断变化的而不是静态的观点，使我们有理由铭记：我们有能力准确地回忆事物。你可能已将其接受为一个已知的事实。

我们有可能避免这些偏见，提高记忆的准确性吗？意识到这些记忆的陷阱使我们有可能降低它们的影响。例如，如果你意识到你的刻板印象，当它们影响记忆时，你可以认识到起因。然而，如果你目击了银行劫案或暴力犯罪，你不可避免地体验到压力和焦虑，也不可能防止它们对你的记忆产生影响。不过，你能够认识到你的记忆在那种情况下不准确，这样的话，就能相应地降低你的盲目自信。

如果你有更多的精力，你就可以批判性地检测人们记忆的情况；如果你认识到这些影响因素已经产生，你就可以对该情况之后所产生的任何回忆进行怀疑。还有，这样的信息将帮助你成为一个批判性地使用记忆的人，无论是对你自己还是其他人。

批判性思维的启示很明确。对你（或其他人）记得的信息保

挑·战·你·的·成·见
第8章 记忆偏差

持健康的怀疑态度（第三条准则）。如果可能的话，无论什么时候，试着使用另外一种来源去核对你所回忆起的信息。

批判性思维练习

1. 选择一种本章所概括的影响记忆的因素。假定派你去告诉人们如何避免这种特定的记忆偏差，你如何对他们说？

2. 回忆你被记忆偏差所影响的一段时间。请试着描述该情形。什么因素歪曲了你的记忆？根据你现在的知识，如果相同的情况再发生的话，你会有哪些不同的表现？

3. 研究表明，目击者的证词是影响法律案件审理的重要因素。根据本章内容，列出陪审员不应该被这种证词所说服的三个理由。

4. 假定你听到两个人在讲述多年以前发生的同一件事。两个人的描述在某种程度上有所不同。你会认为有可能两个人的叙述都是正确的吗？为什么？

第9章
智商永不改变吗?

挑·战·你·的·成·见
第9章 智商永不改变吗?

作为一名当代大学生,从某种程度上来说,你是"测验的一代"。我这样说的意思是,你从小就参加例行的标准化测验。你或许依然记得,上小学时,总会拿出一两天的时间来参加那一年的成绩测验——学到了2号铅笔是什么,怎样在圈中涂满颜色,怎样用橡皮擦干净等等。你可能也记得,有关你的学业和将来的重要决定是建立在这些测验分数基础之上的。

20世纪早期,这种对标准化测验的重视可以与思维能力测验即我们通常所称的智力测验的发展相联系。因为这些测验有助于对不同能力的学生进行分类,且有助于预测他们在学校里的表现,所以,研究者们研发了许多其他标准化测验。

针对心理测验,有许多批判性的问题。大多数这种问题都围绕着智力测验。本章中,我们将检验一种普遍的假设——智商随着时间的推移仍保持不变。这种假设是基于另一种相关的假设,即智商是思维容量的反映(Shaffer,1999)。如果这种假设是真的,智商似乎也就是相当稳定的——你的智商大概就是由遗传决定的,而且不会随着时间发生改变。对于智商只由遗传决定和智力测验能测量智商的这两种假设都遭到了猛烈的攻击。但对于智商稳定性的假设似乎犹存至今,至少仍存在于普通民众的思想中。让我们看看一些研究证据,来明确智商是否随着时间的推移仍保持稳定。

挑·战·你·的·成·见
第9章 智商永不改变吗？

婴幼儿智商测验

已经研发出了一些测验可以用来测量婴幼儿的智力（Kaplan & Saccuzzo，1997）。此类量表中最著名且得到最广泛应用的便是贝利婴幼儿量表，用于测量 2 至 30 个月大的儿童（Shaffer，1999）。据卡普兰和萨库索所言，"贝利婴幼儿量表是此类测验中最符合心理测量的准确测验"（p.311）。贝利婴幼儿量表用运动量表和思维量表对婴幼儿进行测量。两个量表的分数合起来就形成了DQ（发育商数）。虽然得到的分数并没有被称为IQ（智力商数），但可以用来在婴幼儿与同龄人中的常模之间进行比较。正如你可能猜到的，研究者已把贝利分数与儿童期获得的智商分数相互关联。除了可用来预测有些儿童会发育迟缓，贝利分数不能用于预测儿童的智商（Honzik，1983；Kaplan & Saccuzzo，1997）。其他儿童智商测验显示出了同样的缺陷——它们"不能长期有效地预测智商正常儿童……这种测验对于低分婴幼儿的确有一些预示价值"（Lewis & Sullivan，1985，p.568）。

儿童智商测验

随着儿童年龄的增长，他们进行的是更著名的智力量表的测验。如斯坦福—比奈测验（两岁开始）或韦氏学龄前儿童智力量表（四岁开始）。在一个典型的研究中，儿童将在两个不同的时期进行智商测验，然后，研究者把两组分数进行相关以确定它们之间的相似度。如果儿童每次的分数都相近，那么相关性就会高（如果分数一样，就达到1.00）。如果分数不一致，那么就不存在相关性（0.00的相关）。洪齐克、麦克法兰和艾伦（1948）发现，在不同年龄阶段测试的儿童智商分数之间存在着非常高的相关。正如从表9—1中所看到的，智商随着儿童年龄的增长和测验间隔时间的减少变得更加稳定。

然而，表9—1中的数据可能误导人们。其所显示的相关是基于大群儿童的（依靠所测验的年龄，从150到250人不等），并不能绝对反映任何儿童个体发展的情况。

表9—1　　　　　　　　儿童智商分数相关分析

儿童的测验年龄	与10岁儿童智商的相关性	与18岁儿童智商的相关性
2	0.37	0.31
4	0.64	0.42
6	0.74	0.61
8	0.88	0.70
10	—	0.73
12	0.87	0.77

Source: Data from Honzik, Macfarlane, & Allen, 1948.

例如，洪齐克、麦克法兰和艾伦（1948）也发现，研究中58%的儿童在6岁和18岁间智商变化了15点甚至更高。这样的波动足以把儿童从"迟钝"到"低于平均水平"或从"高于平均水平"到"天才"重新归类。正如你所能想象的，这些类别中的区别具有非常重大的意义。个人波动的这个研究结果是很普遍的。麦考尔、阿普勒鲍姆和豪格提（McCall, Applebaum & Hogarty, 1973）研究了80名从两岁半到17岁定期参加智商测验（估计有17次）的儿童。他们发现，过半的被试的智商都有巨大的改变，平均波动是 28.5 点。每三个儿童里就有一个表现出了超过 30 点的变化；每七个儿童里就有一个发生了超过 40 点的变化，变化的最大量是 74 点。欣德利和欧文（Hindley & Owen，1978）报告说发现了相似的波动，25％的被试分数在 14 岁和 17 岁之间至少变化了 10 点。

前面两段的结果引出一个问题，即对智商分数稳定性应进行批判性思考。群体数据中，智商看起来是稳定的，而对于个体分数，智商就具有很容易改变的潜在性。让我们再进一步看看。

青少年智商测验

到了青少年期，智商分数倾向于更稳定。例如，欣德利和欧文（1978）报告了 11 岁和 14 岁的智商相关是 0.69，11 岁和 17 岁是 0.68，14 岁和 17 岁是 0.87。表 9—1 显示了 10 岁与 18 岁的智商相似，12 岁与 18 岁也是如此。

青少年时期的智商甚至可以用来准确预测中年时期的智商。伯克利成长研究始于 1928 年，旨在测量被试从 1 个月到 36 岁之间的智商。贝利（1966）报告了这项研究的结果。她发觉 16 至 36 岁间的智商相关性分别为男性 0.97，女性 0.69。贝利注意到，相关性中的性别差异很常见，很可能是由于"男性与女性不同的教育和职业目标"（1966，p.135）。这些人是在 20 世纪 40 年代和 60 年代接受测试的，那时男性与女性目标的差异可能比今天要大得多。

艾孔（Eichorn）、洪特和洪齐克（1981）报告了青少年后期（17 至 18 岁）和中年期（36 至 48 岁）智商分数的相关性，男性

为 0.83，女性为 0.77。性别差异并不大，但是从青少年到成人期的相关性仍然很强。不过，正如儿童智商分数一样，两次测试间仍可看见个人分数的波动；250 名被试中约有一半都表现出智商增加或减少了至少 10 点（Eichorn, Mussen, Clausen, Haan & Honzik, 1981）。

成人智商测验

人们成年时，有关智商稳定性的问题只稍稍有了变化。研究者不再热衷于试着从早期智商分数预测后来的智商分数。取而代之的是，他们对整个人生中智商是否保持稳定的问题表现出了兴趣。20 世纪早期的研究表明，智商在成年早期达到顶峰，然后开始平稳下滑（Sigelman, 1999）。然而，这些研究使用的是横向方法，即在同一时期对不同年龄层的人们进行比较。而纵向研究，即在很长一段时间内比较同样年龄段的人，发现从成年早期到中年时期，人们的智商或是保持稳定，或是确实增长了。这些研究发现，老年期仅有很微弱的下滑。然而，两种方法都遭到了批评——横向研究不能保证教育机会的稳固，纵向研究存在被试中途退出的问题（Sigelman, 1991）。

谢尔（Schaie, 1983, 1996）发展了序列方法，即把横向和纵向方法相结合，用以研究年龄与智商间的关系。谢尔发现，一个人何时出生影响其智商，就像年龄影响智商一样重要。因此，出生晚些的人能得到更好的教育、医疗保健和护理这些优势，而所有这些都对智商有益。图 9—1 表明了谢尔（1996）的发现，即

挑·战·你·的·成·见
第9章 智商永不改变吗?

不同智力能力和年龄之间的关系。正如你看到的,某些能力的顶峰期出现在中年期,并且老年期的下滑并没有像原先想象的那么严重。谢尔(1996)总结说:"直到80多岁时,老年人平均才会滑落到低于年轻人中等程度智力的水平。"(p.353)

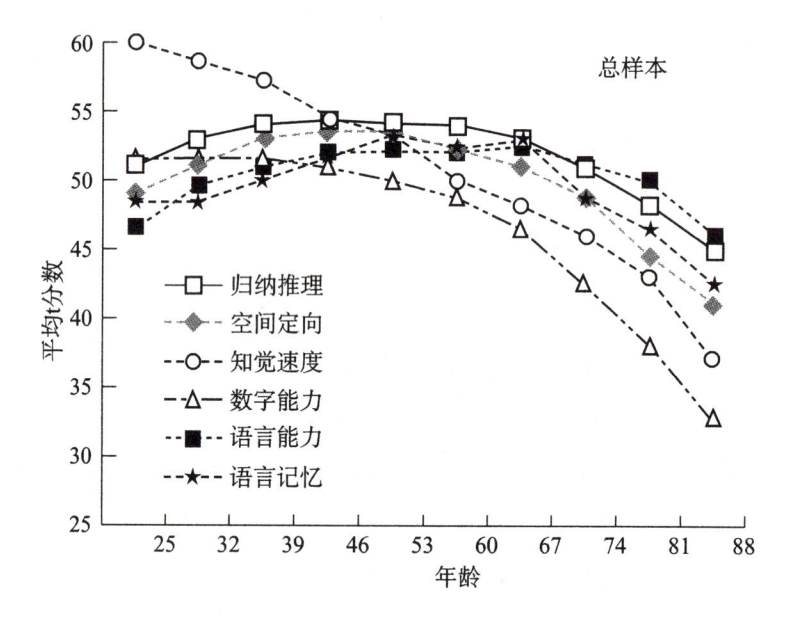

图 9—1　一生中不同年龄在智力能力方面的变化

From *Intellectual Development in Adulthood: The Seattle Longitudinal Study*, by K. Warner Schaie, p.128. Copyright 1996, Cambridge University Press.

违反批判性思维之处

仅仅是问人一生当中智商是否不变,就已经违反了第五条准则(避免过分简单化)。本章中的证据表明了不同的答案取决于你提问的方式。如果我们通过查看一大群人来明确智商的稳定性,那么就会发现除了在年龄很小的时候,智商似乎都是相当稳

挑·战·你·的·成·见
第9章 智商永不改变吗？

定的（由于高相关性）。然而，研究也表明，个体的智商可能有相当大的变化性。因此，我们的问题需要更加精确，才能得到很好的回答。

正如我在本章开篇中所指出的，相信智商稳定的观念可能与相信智商主要由遗传因素决定有关。所以，问题可能就在于违反了第二条准则（识别固有偏见和假设）。扩展你对智商的概念，使其包括环境的决定因素，这样也就允许提出智商可变性的假设。通过运用第六条准则（使用逻辑推断过程），这种假设的改变为解释智商开辟了一条新的道路。

思考先入为主的观点

如果你存在这样一种先入为主的观念，即以智商分数为基础，人们要么"永远聪明"，要么"永远愚蠢"，那么本章会使你对这样的观念产生质疑。至少对于一些人来说，智商看起来具有流动的特性——随着时间发生巨大的改变。智商可变性的概念似乎在人们年轻时尤为正确。有大量证据支持这样一种观点，即人越早测验智商，对分数的信心也就越少。

总结

本章阐述了测验活动中一种经常容易犯的错误——过分强调单个分数。让我们看看只依靠智商分数而不参考其他信息所带来的潜在危险——期望。

挑·战·你·的·成·见
第9章 智商永不改变吗？

许多读了这本书的人可能记起，当年父母去学校参加关于你的能力测验分数的家长会。你也许听到自己还没有开发出潜能这样的话。虽然听到这样的消息可能对你来说并不是什么愉快的经历，但你却已经是个幸运的小孩了！那些能力测验分数很低的孩子会发生什么事？他们或许就被贴上了诸如"没潜力"或"学习能力低"之类的标签。这样的标签反过来又会导致家长、亲戚、老师、学校领导降低对这些孩子的期望。这种低期望可能致使他们走向失败。

让我们仔细审视一项关于期望效应的经典研究，该研究认为期望能直接影响行为和表现。罗森塔尔和雅各布森（1968）让老师们相信，基于能力测验的分数，一组儿童（实际上是随机抽取的）的智力即将有所发展。学期末，与控制组的儿童相比，那些儿童的智力分数有了较大幅度的提高。罗森塔尔（1991）回顾这样的研究时说，这个结果没有普遍性，但是人与人之间的期望的确能影响表现，其中日常情形下约为45%（基于167项研究），实验室实验情形下约为35%（基于281项研究）。因此，期望在决定行为和表现方面起到了重要作用，这是一种被称为自我实现预言的现象。

最后，让我给前两段的观点再补充几句吧。虽然测验分数确实能把学生分类，产生自我实现预言现象，但智商分数并不是预测学生成绩的最佳方法。根据明顿和施奈德（1980）所言，预测将来成绩的最好方法是学生早期的成绩。

很明显，我们减少对智商分数的看重无疑将是明智之举，尤其是那些在儿童早期或许多年前获得的智商分数。在我们涉及诸如分数、学校之类决定儿童未来的重要因素时，可能最明智的做

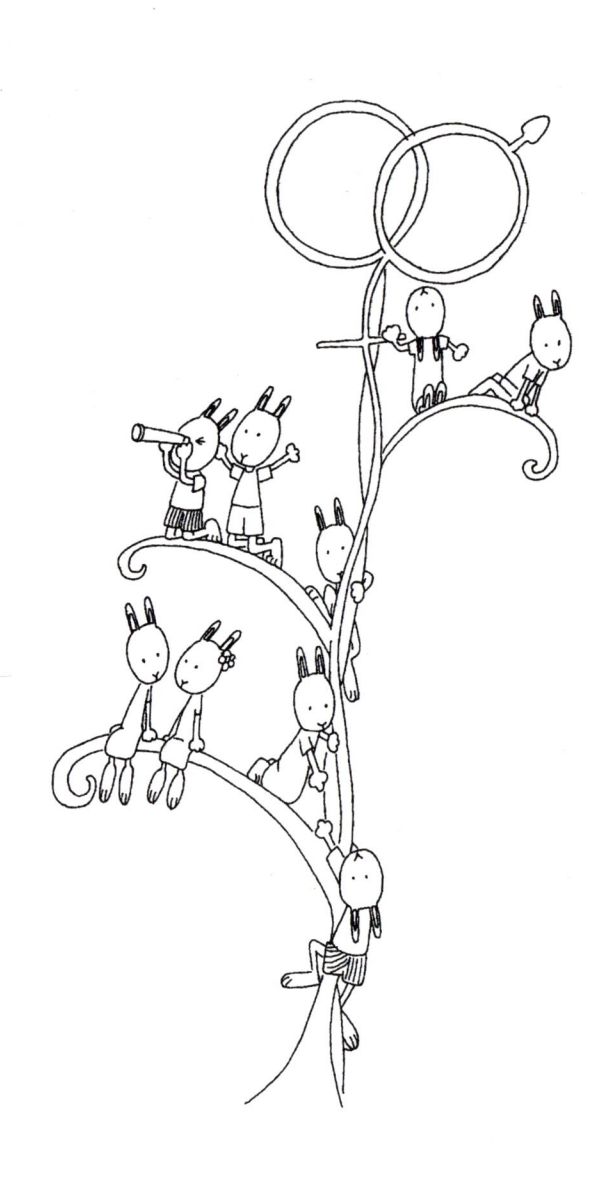

挑·战·你·的·成·见
第9章 智商永不改变吗？

法是多加警惕。正如洪齐克、麦克法兰和艾伦（1948）所说："所观察到的儿童个体分数的波动表明，用这单个的测试分数或两个测试分数进行预测时需要保持十二分的警惕"（p.315）。

批判性思维练习

1. 假设一对已婚夫妇来拜访你，因你对心理学有所了解。他们告诉你，他们的幼子参加了智商测验，得到了低于正常范围的分数。你会说些什么？

2. 想象练习1中同样的情景，只是孩子是16岁。这时，你会怎样回答这对夫妇？

3. 假如某城区的学校想要用智商分数来把儿童划到不同的班级，这时，你作为一名咨询师被邀请。这个学校要以分数为基础，开设高分班、普通班和低分班。你作为一名咨询师应怎样回应这个计划？

4. 你相信本章的信息证实了智商测验无效吗？本章的内容如何影响了你对智商分数的看法？

5. 本章改变了你对标准化测验的观点吗？如果是，怎样改变的？假如标准化测验成为风尚的话，我们应怎样应对这种出现在我们社会中的测验呢？

第10章
认识自己的动机

挑·战·你·的·成·见
第10章 认识自己的动机

当心理学教授问他的学生为什么会选择心理学这门课程时，很多答案都是"为了更了解人"，"为了弄清楚人们为什么要做某些事"，以及"为了明白为什么人们会以某种方式回应他人"。贯穿在这些回答中的共同脉络就是动机——试着确定隐藏在人们行为后的原因或理由。

有趣的是，心理学家很少会听到把"为了找出自身行为方式的原因"等作为选择学习心理学课程的理由。我们对其他人行为的潜在动机有兴趣时，似乎隐约在做一种假定，即我们已理解自己行为的潜在动机。通常我们不愿意承认，其实我们对于自己为什么会做某件事一无所知。让我们从批判性的视角来看看在意识自身动机这一问题上原先存在的成见。

我们能解释对他人的印象吗？

我们总是对所遇见的人构建起某种印象。对此，我们甚至有许多常识谚语，这些谚语也许能使我们更清楚地明白这个问题。（我对其中使用的某些性别歧视的语言感到抱歉——发明这些谚语的人们可能没有注意到性别的问题。）

美貌只是一层皮。
人靠衣装。
不要以貌取人。

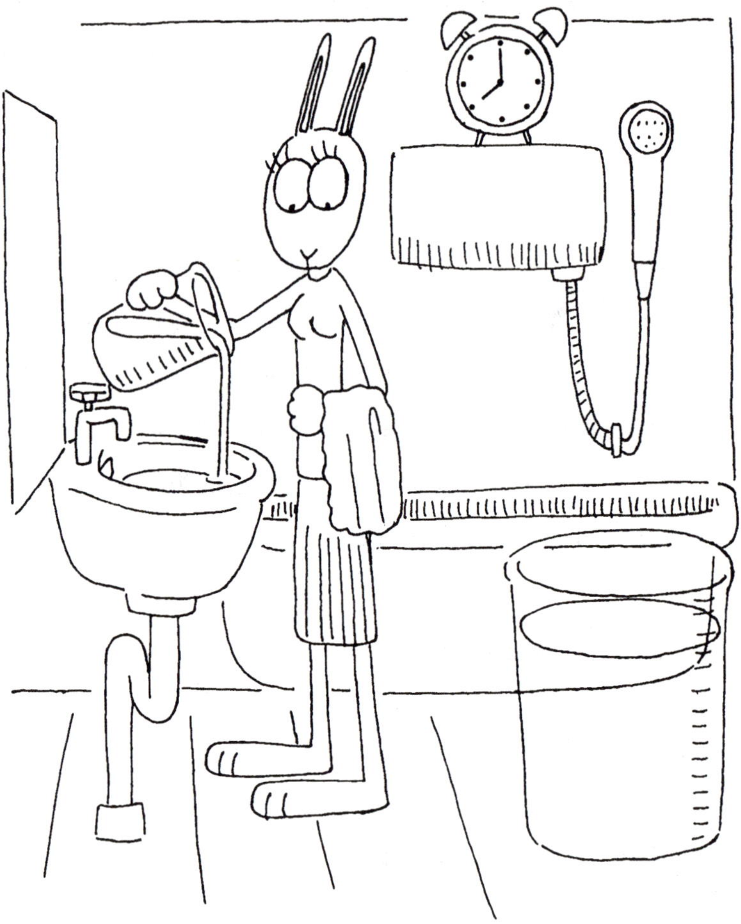

挑·战·你·的·成·见
第10章 认识自己的动机

一好百好。

有其父必有其子。

尽管这些谚语很有趣，但却没有科学依据。关于形成对他人的某种印象，我们到底知道些什么呢？——我们能解释判断的依据是什么吗？

兰迪和西加尔（Landy & Sigall, 1974）让男大学生读女大学生写的文章。其中三分之一的文章附有貌美的"作者"照片，三分之一是长相平平的"作者"照片，另三分之一没有照片。此外，其中一半文章写得很好，另一半则写得不怎么样。验证男生评判文章好坏的能力时，兰迪和西加尔发现，他们对于好文章的评价的确要高些。对文章的评价还揭示了另一个情况。对于相貌好的作者的文章评价最高，对于长相平平的作者的文章评价最低。"未知"作者则在两组之间。在一个长相平平的作者写了一篇劣等文章的情况下，评价结果则尤其不好。要写出一篇好文章，容貌是个重要因素吗？当然不是，但在研究中它的确影响了对文章的评价。然而，还有一个更重要的发现，学生对作者的智力、灵敏度和才能也有了总体印象（学生仅从所能看到的进行评价——文章、照片，如果有的话）。需要重申一下，对相貌较好的人的评价要比对相貌平平的人的评价高。如果问学生相貌吸引力是否影响了他们对作者的评价，他们会怎样回答？如果在同样的或其他任何情景下问你相同的问题，即外貌是否会影响你的判断，你会怎样回答？"我不会让外貌因素影响自己"——或许你会这么说。哈特菲尔德和斯普雷彻（Hatfield & Sprecher, 1986）注意到，尽管"人们通常说外貌对他们并不非常重要，但他们的

挑·战·你·的·成·见
第10章 认识自己的动机

实际行为却与所说的背道而驰"(p.119)。

如果实验者问人们，为什么他们会以某种方式评价一个特定的人，会发生什么呢？尼斯比特和威尔逊（Nisbett & Wilson, 1977a）让学生观看一段对"心理学老师"的访谈录像带，并从几个方面评价他。对老师的访谈录像有两个，学生观看其中的一个——气氛热烈的或是冷淡的。学生从喜爱度、外貌、言谈举止、口音等方面进行评价。学生偏爱气氛热烈中的老师，讨厌气氛冷淡中的老师。而且，在看到访谈中气氛冷淡的老师后，学生对其外貌、举止以及口音方面的评价更令人不快。因为两个访谈中被访者都是同一人，所以评价本应相似。实验者问了一些学生，他们对于老师的喜好是否影响了对他其他方面的评价。两组学生大多数都相信喜好并没有影响到他们其他方面的评价。对看了气氛冷淡访谈中的学生问了相反的问题，他们声称，对外貌、举止和口音的评价降低了他们对老师的喜好度。看起来，他们把这其中的联系颠倒了。

有充足理由表明，我们有能力构建并也确实构建了对他人的印象。然而，要解释为什么我们构建了这种印象，也许还有些困难。

我们能觉察到是什么影响了行为吗？

构建对他人的印象是一项主观性的工作，所以，即使没意识到那些影响我们构建过程的事物也无须惊讶。我们当然能审视自己的行为并进行解释——不能吗？也许不能吧。

在经典问题解决的研究中，迈尔（Maier, 1931）要求被试找

挑战你的成见
第10章 认识自己的动机

出把悬在天花板上的两根绳子系起来的方法。两根绳离得太远，没法同时摸到。解决方法是在一根绳上系上重物，像钟摆那样摆动它。握住第二根绳，并当第一根绳晃到邻近之处时抓住它。迈尔关注那些没能立刻解决问题，而需要提示的被试。迈尔给这23人一些提示，他走到一根绳旁边，轻轻碰了下绳子，使它动起来。16名被试立刻想出了解决办法（不到一分钟）。然而，16人中只有1人承认受到了暗示的影响。其他15人都坚持说自己并没有看到绳子晃动，或者并没有特别留意到。这些人的报告如下：

"我刚刚才明白。"

"也许是一堂物理课的知识提醒了我。"

一位心理学教授说："排除其他的方法，剩下的便是利用摆动原理。我想起了摇桨渡河的情景。我想起一只猴子在树上荡来荡去。这些想象和解决方法同时出现在脑海中。整个构思过程便如此完成了。"（Maier, 1931, pp. 188-189）

尼斯比特和威尔逊（1977b）给学生放了一部纪录片。观看影片期间，一些学生听到了大厅里巨大的电锯声。影片结束后，学生从不同方面对影片进行了评价。然后，实验者就在学生观看期间让其分心了向他们道歉，并问学生这个噪音是否影响了他们的评价。一半以上的人都报告说，电锯噪音至少降低了他们某一方面的评价。然而，和控制组相比，该实验组的评价其实并没有显示出不同。

这些实验表明了我们觉察影响自身行为的因素的能力是多么弱啊！一个实验中，学生受到某种影响，却矢口否认。另一个实验中，学生没有受到影响，却一口咬定被影响了。

挑·战·你·的·成·见
第10章 认识自己的动机

我们的言行一致吗？

拉皮尔（LaPiere，1934）所做的一项经典研究，使得心理学家对我们言行之间的关系提出了质疑。美国的种族观念曾一度强烈抵制华人，拉皮尔偕同一对中国夫妇驾车旅行，他记录下了旅行中在251家旅馆和饭店中所受到的招待方式。只有一家拒绝接待他们。之后，拉皮尔写信给这些旅馆和饭店，询问是否会招待中国客人。128家回复了信件，其中90%的店家说不会招待中国人。

斯托姆斯和尼斯比特（Storms & Nisbett，1970）对失眠者进行了研究，来确定言行是否一致。他们给被试一片安慰剂，让他们在睡觉之前服用。被试以为是研究梦中的身体活动的作用。其中一半失眠者被告知此药会导致机体唤醒（心跳加快、体温升高等），另一半人被告知此药会使他们放松下来。与被告知会引起放松的被试相比，那些被告知会引起唤醒的被试报告说此药的确引起更多机体唤醒体验。然而，"唤醒"被试入睡所花的平均时间为41.5分钟，"放松"被试却是51.2分钟。他们所报告的内容与实际行为并不吻合。

我们能意识到群体影响了我们的行为吗？

我们通常相信，"人多力量大"。几组助人实验的结果却颠覆了这种说法。在一项实验中，达利和拉特那（Darley & Latané，

1968）让学生参加小组讨论。为了减少讨论到私人问题时引起的尴尬（可能），学生们单独待在相互隔离的房间里。实际上，实验者是为了让参加者相信有许多人正在参加此项讨论——两个、三个或六个。其实只有两个参与者，被试和实验助手（受害者）。受害者先说了关于适应大学生活的困难，还透露自己患有癫痫症。被试说完之后，受害者又接着说话并开始佯装发病。问题是，群体规模如何影响助人行为（见表10—1）。结果表明，已知的群体规模抑制了助人行为。然而，被试否认受到了在场的其他人的影响。那些认为其他人也听到了癫痫病人发作声音的人报告说："我意识到他人也在场，但这并没有影响我自身的行为。"（Darley & Latané，1968，p.381）

表10—1　　群体规模对相似性和反应速度的影响

群体规模	至疾病发作结束时的反应百分比	疾病发作之前的反应百分比	反应的时间（以秒计）
2（被试和受害者）	85	100	52
3〔被试、受害者和其他1人（感知的）〕	62	85	93
6〔被试、受害者和其他4人（感知的）〕	31	62	16

Source：Data from Latané & Darler, 1970, p.97.

在一个类似的研究中，拉特那和罗丁（Latané & Rodin, 1969）让被试仅完成一份消费者喜好的问卷。被试和另一名参加者（陌生人）或一个朋友待在房间里。他们回答问卷时听到另一个房间传来了一声巨响，紧接着是女性实验者的呼救声。最可能帮助这名女性的被试按顺序依次为：和朋友在一起的，和陌生人在一起的，和一个毫不关心状态的陌生人（实验助手）在一起的。需要重申的是,"问被试是否受到一起工作的人的表现或行为影响时,他们要么不情愿承认,要么不相信自己受到了影响。"(Latané & Darley,1970,p.65)

两个研究都有足够的证据证明,他人在场使人们的助人行为减少。然而,被试仍固执地否认自己受到别人潜移默化的影响。

违反批判性思维之处

在我们以为明白了自己的行为动机时,就违反了批判性思维准则中的两条准则。首先,我们依赖于自己武断的观点,根本没有运用到第四条准则(区别事实和个人观点)。另外,我们忽略了第六条准则(使用逻辑推理过程)。如果我们能看到别人并不总能了解其行为方式的潜在原因,难道就不能去推理一下自己是否也如此呢?

思考先入为主的观点

我们中的大多数人都以为自己了解自己——我们知道自己为什么做某件事。本章中,我们已看到这个简单的想法是错的。我们的行为好像经常由于没有意识到的因素而产生。

这个发现似乎有重要的含义。如果我们不确定是什么导致了自己的行为,也许就应该格外注意对别人行为所下的结论。如果想去懂得别人,首先要学会懂得自己。

挑·战·你·的·成·见
第10章 认识自己的动机

总结

本章强调了对自身动机的不确定性。我们的行为并不总是和自己的动机联系在一起，反之亦然。我们似乎经常不明白自身行为的潜在原因。情况是否总是如此，且将继续下去吗？我们注定要这样生活吗？幸运的是，答案并不悲观。尽管要确定动机和行为之间的联系很困难，但并非不可能。

有两个简单的方法可使我们的动机更能预测行为。第一，我们应试着多留意一下自己的动机。斯奈德和斯旺（Snyder & Swann, 1976）在一起性别歧视案中，让一些男士假扮成陪审员，结果表明，仅仅那些被要求慎重考虑自己态度的人，其之前所测的对肯定的行为的态度才较准确地预测了判决结果［给他们"几分钟时间组织一下对肯定行为问题的想法和观点"（p. 1037）］。第二，需要记住，一些动机相比起其他的动机来说，更能预测行为。里甘和法西奥（Regan & Fazio, 1977）针对学生关于康奈尔大学住宿危机的态度以及缓和危机的行为进行了测量。因为这场危机不得不离开的学生和那些没有被影响到的学生对这种情况都表现了一种否定的态度。然而，受影响人群与没有受影响人群相比，其态度和实际补救行为（如写抗议信）次数之间的联系要强得多。因此，真实体验中建立起来的态度（或动机）更能预测后来的行为。迈尔斯（1999）也注意到，与被动建立起的态度相比，根据经验建立起的态度"更有思想，更明确，更稳定，更抵抗得住抨击，更可用，更能掌控情绪"（p. 136）。

143

挑·战·你·的·成·见
第10章 认识自己的动机

本章所传达的信息相当简单——你可能误解了自己一些行为的潜在动机。然而，如果你仔细思考动机并试着依赖它的话，这之间的联系就会更清晰些。

批判性思维练习

1. 为什么我们更可能会去思考别人的动机而不是自己的？给出三个原因，试着找出支持你观点的数据。

2. 实验数据有力地支持了外貌吸引力思维定势的观点，即我们会赋予外表有吸引力的人许多积极的品质。为什么我们会这样做？你能解释这种定势的潜在动机吗？

3. 本章呈现了众多研究，表明了我们并不总是清楚自己的动机，可以改变这种不确定的现象吗？找出可以实现的假设性原因。

4. 给出练习3里的三种假设，设计出一个实验验证你所确信的很可能是正确的假设。

5. 在总结的那一段里，你读到了斯奈德和斯旺的研究。他们的研究结果暗示着，如果行动之前仔细思考动机，我们的动机就能更准确地预测行为。我们为什么在行动前不思考自己的动机或态度呢？有可能进行逻辑解释吗？

第 11 章
评价共同依赖现象

第11章 评价共同依赖现象

近几年来出现了一个有趣的趋势，即在一般文献而并非科学文献中开始对"变态"行为进行划分。尽管由于一般文献中潜在的问题使得人们对于这种发展形式不免有些担忧（见第2和第12章），但是作为批判性思维者，我们不应该仅因为一个思想的起源而立刻摒弃它。相反地，我们应该使用批判性思维准则来评估新思想和立场。在本章中，我们将会研究共同依赖发展中的失调状态。

共同依赖开始是很难识别的。它看似源于酗酒的家庭中出现的一个小问题，也就是酒精中毒（Beattie，1987；Lyon & Greenberg，1991）。共同依赖最初的表现形式是人们染上了某种嗜好，他们的行为实际上是在维护或纵容成瘾行为（Lyon & Greenberg，1991）。举例来说，夫妻的一方可能试图通过向其酗酒的配偶的老板说谎、支付未付款的账单，或者清洁被酒鬼弄得乱七八糟的环境等等手段来帮助酒鬼戒酒。但是，酒鬼不愿意面对他或者她的行为所引起的不愉快的结果，并且继续维持其破坏性的行为方式（Haaken，1990）。

共同依赖的范围

在19世纪80年代晚期，共同依赖的界定范围较广泛。贝蒂（Beattie，1987）把共同依赖定义为"一个人的行为受他人的影

响，并痴迷于控制那人的行为"（p.31）。惠特菲尔德（Whitfield，1991）将共同依赖定义为"表现为一种关于或由于关注他人的需要和兴趣而呈现出的痛苦和机能障碍状态"（p.8）。惠特菲尔德也回顾了这个概念的另外22种定义。

贝蒂（1987）列出了共同依赖的234种症状，还补充说，这并没有包括所有的症状。

共同依赖的概念已得到广泛的应用。贝蒂（1987）就在自己的书里写到了有关共同依赖的人的多种问题："是否有人影响你并已经让你成为一个酒鬼、赌徒、嗜食者、工作狂、性沉迷者、犯罪又叛逆的青少年、神经质的父母以及其他的共同依赖，或上述的结合？那这本书就是为你而写的。"（p.6）由于如此大范围地应用此术语，贝蒂估计8 000万美国人可能都有共同依赖。谢弗（Schaef）在贝蒂所列出的上瘾事物的清单里又增加了药物、尼古丁、咖啡因、糖、盐、存钱、宗教和担忧。因此，事实上在他看来，似乎每个人都有可能成为共同依赖者。卡米纳（Kaminer）在一本全面批评通俗心理学的书里提到："专家断言，几乎每个人——96%的美国人——都患有共同依赖，并对这种疾病提出了最为广泛的定义，或许我们都有这个病吧。"（1992，p.10）一个批判性思维者可能注意到变态的一个标准是"回答方式没有代表性或与文化期望相悖"（Durand & Barlow，2000，p.2）。因此如果许多或大多数的美国人都有过共同依赖，那么根据定义，他并不是变态。

挑·战·你·的·成·见
第11章 评价共同依赖现象

共同依赖危机

在最初和酗酒有关的情境中,有共同依赖的人大部分是酗酒者的妻子(Beattie,1987;Lyon & Greenberg,1991)。谢弗(1987)以相似的方式视沉溺者为"白人男性系统",共同依赖者为"被动反应的女性系统"。虽然在书中描述的许多存在共同依赖的人是男性,但是那些书的目标市场却是女性,正如某个出版商的估计,85%的读者是女性(Kaminer,1992)。K. D. 赖特和P. H. 赖特(1991)相信大多数有共同依赖背景的人都来自于诺伍德的畅销书《爱的智慧》(Women Who Love Too Much)。惠特菲尔德认为共同依赖主要是一个女性问题,因为在传统上女人被赋予了维持家庭情绪平衡的责任。由于所谓的性别差异,批判性思想家不能够排除将共同依赖看作一种变态行为。许多变态行为作为一种性别功能,的确显示出了不同的发生率(如沮丧、饮食失调、物质滥用失调)。

共同依赖的行为标志是什么?

鉴于一些早期提供的数据资料,可能更容易提出像是"哪些行为不是共同依赖"这样的问题。然而,我们来看看共同依赖的一些明显特征,而不是通过排除法来定义术语。在贝蒂(1987)的书的封面上所提出的四个疑问可以帮助读者了解他们是否有了共同依赖问题。这些问题可以帮助我们简要概括这个

挑·战·你·的·成·见
第11章 评价共同依赖现象

概念。

- 你是否已经变得十分关注其他人的问题,以至于没有时间识别或解决你自身的问题?
- 你是否相当关心别人,以至于忘了如何去照顾自己?
- 你感觉由于对周围的人和物失去控制,所以你需要控制周围的事物?
- 因为你周围的人责任感太少,所以你的责任感才如此强烈吗?

当然,因为某种行为模式被视为变态,所以就必须发展一套正规的诊断标准。瑟马克(Cermak,1986)提出了这样一组用于共同依赖的准则,希望能将失调包含在《心理疾病诊断与统计手册》(DSM)的新版本中。他提出的准则包括:

- 在面对明显的负面结果时持续增强自己影响或控制自身和他人情感和行为的能力。
- 责任感就是满足别人的需要而将自己的需要排除在外。
- 隐私和分离状态下的焦虑和边界失真。
- 与病态人格、药物依赖和冲动紊乱的个体相联系。
- 情感约束的表现(三个或三个以上的任意结合)伴随着或不伴随着戏剧性迸发、沮丧、失眠、强迫、焦虑,对否认的过度信任,物质浪费、反复发生的肉体虐待或性虐待、医学疾病的相关压力以及(或者)与药物滥用者的主要联系至少长达两年而没有寻求外在的支持。(Cermak,1986,pp. 16-17)

挑·战·你·的·成·见
第11章 评价共同依赖现象

尽管他和其他的手册都要求将共同依赖列在心理疾病的诊断中，然而最新版的《心理疾病诊断与统计手册》（美国精神治疗协会，2000）并不包括共同依赖。一个批判性思维者不应忽略掉这个事实。

共同依赖的结果

贝蒂的问题和瑟马克制定的标准强调了贝蒂（1987）在书中所鉴定的共同依赖者的大部分特性：看管、自卑、抑郁、固执、控制、否认、依赖、缺乏交流、弱边界、缺乏信任、愤怒和性问题。惠特菲尔德（1992）注意到共同依赖已经因为滥用药物、酒精中毒、食欲减退、虐待儿童、赌博、慢性的迟滞、性恐惧和自卑而被谴责。惠特菲尔德（1991）把对于情绪痛苦感的麻痹、丧失哀伤的能力、强迫行为、不稳定的情绪和长期抑郁都列为共同依赖引起的心理结果，并宣称这种结果甚至能导致身体上的问题，尤其会引起长期疲劳综合征。心智失调造成长远的结果和影响，这是很正常的。因此，如果一个批判性思维者要把共同依赖排除在合理的失调之外的话，这些列出的大量结果还远不能为其提供足够的依据。

共同依赖研究的相关证据

共同依赖已经普及好几年了，但很少有研究来支持这个概念（Fischer, Spann & Crawford, 1991; Wright & Wright, 1991）。

挑·战·你·的·成·见
第11章 评价共同依赖现象

K.D. 赖特和 P.H. 赖特（1991）把有关心理依附的文献"从大众化的到半学术的"进行归类（p.435）。奥布赖恩和加博里（O'Brien & Gaborit, 1992）相信失调得到了自助群体和药物依赖领域里的心理健康工作者的许多关注，但是少许详细的审查来自于临床心理学家们的仔细研讨，他们（她们）更有可能引导这样的一种现象的实验研究。一个有关假设失调的研究方法就是去研发一种或多种测量失调的方法。现在，虽然共同依赖的概念也已经发展了几年，但是对于此概念如何定义或如何度量还没有达成一致。举例来说，马丁和皮亚扎（Martin & Piazza, 1995）采用著名的人格量表（the MMPI）对207名被诊断为患有共同依赖的女性进行了测试。他们发现，这些女性的分数在正常范围的下限，而且没有符合她们的人格特征的可辨别样式。

虽然有实验研究涉及共同依赖，但是那些结果却是混淆不清的。如果有一项研究为此概念提供了经验支持，那总有另一项研究来与之唱反调。例如，莱昂和格林伯格（Lyon & Greenberg, 1991）发现相对于教育性的实验者，嗜酒父母（此研究中作为共同依赖的操作性定义）的女性后代给开拓性的实验者提供了较多的帮助。除此之外，与控制组（不嗜酒的父母）相比，她们也更加喜欢开拓性实验者。这些"共同依赖者"给予嗜酒父亲的评价比对她们的母亲要高很多。莱昂和格林伯格假设，这些女性相信开拓性实验者比教育性实验者需要更多的培养，因此她们对他做出赞同的反应，就像对待她们的父亲那样。

另一方面，卡伦和卡尔（Cullen & Carr, 1999）用常用的共同依赖量表对284名被试进行了分类，分为共同依赖者和非共同依赖者。他们最后没能证实自己的假设，即假设共同依赖小组会报告更多有关父母滥用药物、酗酒和虐待儿童的事件。当然，对于一个批判性思维者，必须要知道经验性证据（任何话题）往往是模棱两可的。

共同依赖的批判性评价

把共同依赖视为一种新的失调状态的看法已引起了一些疑问。

第一，关于概念定义的问题——哈佩尔和卡德维利亚（Harper & Capdevila, 1990）说过，还没有两个作者用过同样的定义，因此该概念很容易令人困惑。比如说，在早期研究中，莱昂和格林伯格（1991）把共同依赖者定义为就是有嗜酒父母的人。相比较而言，卡伦和卡尔（1999）认为共同依赖与父母的药物依赖无关。如果没有一个一致的定义，那就不能把共同依赖视为一种失调。

第二，很少有研究证据可以证实这种失调。许多关于共同依赖的信息都取自于非正式的来源，比如，有的是偶然观察到的，有的是自助小组提供的信息。如果我们期望或决心要看到失调的例子，那我们就必须谨防期望效应。

第三，共同依赖看来几乎就是起了垃圾桶的作用——"让我们把每件东西都丢到这里。"借由贝蒂的234个症状、贝蒂和谢弗的成瘾清单以及对高达96％的美国人都患有共同依赖的评估，共同依赖的概念开始失去意义。如果用共同依赖来解释每件事，那么它实在没有任何意义。最后，一些作者批评共同依赖带有性别歧视的

挑·战·你·的·成·见
第11章 评价共同依赖现象

色彩，因为它主要适用于女性。万沃尔默（Van Wormer，1989）声称，共同依赖是用来指责受害者的。比方说，嗜酒的丈夫并没有对自己的行为负起责任，反而狡辩说是他的共同依赖的妻子驱使他喝酒的。

违反批判性思维之处

此时，承认共同依赖是一种心理失调显然是有问题的。它违背了第三条准则（保持怀疑态度）和第七条准则（下结论前检验可利用的证据）。正如我们所见，根本没有确凿的总结性证据来支持这一概念。即使有了一点证据，我们也应该保持怀疑的态度并且继续精益求精，去寻求更能令人信服的证据。

先入为主的观念

在关于共同依赖的强烈的先入为主的观念上，自助似乎也发挥了相当大的作用。令人惊讶的是，相当多的人在没有足够经验支撑下就加入了共同依赖这场声势浩大的活动中。一个人如果相信确实存在共同依赖这种现象，那他就会在自己期望看到的时候看到它，这样可能就产生了自我实现预言、定势或其他一些此类的偏见。

那么你呢？我猜想很多读者都认识一些被诊断为共同依赖或自称共同依赖的人。在多次听到或看到这个问题后，你是否已经决定相信它的存在，还是仍然保持开放的心态，准备继续批判性

挑·战·你·的·成·见
第11章 评价共同依赖现象

地评价新的证据?

结论

记住，批判性思维并不总能保证得到一个明确的结论。第一条准则提醒我们有时会涉及一些模棱两可和不确定的问题。共同依赖与第 6 章探讨有关催眠帮助记忆的情形很相似。尽管没有经验性证据来支持确实存在共同依赖，但研究还在继续。相对来说，共同依赖仍然是一种最近才出现的现象，因此我们之前提出的问题会在未来的研究中得以解决。在这点上，保留意见似乎最为安全，但我们仍需记住研究共同依赖时要用上批判性思维准则。

批判性思维练习

1. 本章表明，一种新的行为失调源于一般文献而非科学文献是有问题的。为什么会是如此呢？请给出三个原因。

2. 当一个概念存在多种定义时会出现什么问题呢？尤其是多种定义如何妨碍共同依赖被归为心理疾病？

3. 如果某个问题不恰当地影响了一种或另一种性别的人，你认为任何一个这样的问题都能理解为心理疾病吗？你的理由是什么？决定是否为心理疾病时，性别问题应当作为一个关键点加以考虑吗？

4. 在提议将共同依赖作为心理疾病包括在 DSM 之前，你想

挑·战·你·的·成·见
第11章 评价共同依赖现象

获得哪些证据呢？要想把这种失调包含在 DSM 中，证据为何如此重要？

5. 想象一下你在设计一个涉及共同依赖的实验研究。你会想问什么问题并且为什么这样问？你如何设计你的研究呢？

第 12 章
阅读疗法真的有效吗？

挑·战·你·的·成·见
第12章 阅读疗法真的有效吗？

　　在商场中的书店里寻找自助区域，除非你有规律地浏览，要不你将会被大量各式各样有用的自助书吓坏。虽然你可能用按照类似于减肥、吸烟、对子女的教育和性问题等主题去查找书籍的方法，这并不稀奇，但是看到涵盖了如抑郁症、恐惧症、共同依赖和儿童性虐待这样复杂心理学主题的书籍时会让你停下来思考一下。我们是否已经开始如此熟练地使用治疗方法以至于现在可以借助书本，而不是面对面的专业培训了吗？在这一章中，我们将要研究一下阅读疗法的趋势。

　　你可能会问这个趋势是否真的值得去调查——自助现象实际上是普遍的吗？巴雷拉、罗森和格拉斯哥（Barrera, Rosen & Glasgow, 1981）引用了来自20世纪70年代市场上超过100本的体重控制书籍和超过200本的儿童保健书籍的估计。1988年，一个出版商猜想每年将会出版超过2 000本自助书籍（Doheny, 1988），因此70年代所做的那个估计现在看来已经很低了。另外，自助录音磁带产品现在已经很流行了——你也许在当地书店里就能找到。1988年，一家公司的潜意识录音磁带的销售量在两年里增长了十倍并超过了600万美元（Lofflin, 1988）。雅各布斯和古德曼（Jacobs & Goodman, 1989）估计在1987年超过600万的美国成人与自助组织有关。最后，当看到它在模仿《周末夜现场》和其他喜剧秀的时候，我们知道自助已成为美国文化的一个重要组成部分。

挑·战·你·的·成·见
第12章 阅读疗法真的有效吗？

自助疗法的潜在优势

让我们来探究一下阅读疗法为什么会成为一种强大的影响力。什么优势使阅读疗法如此地具有吸引力呢？根据巴雷拉（Barrera，1981）等人所说，主要有以下四个优势。

1. 如果使用自助策略，服务范围会被扩大。治疗师可以减少花费在一些客户身上的时间，以便可以治疗更多人。

2. 阅读疗法能训练心理疗法的使用者。巴雷拉等人引用的许多例子表明，如果进行治疗的人已经学习过书本中所包含的预先治疗法信息的话，那么他们会有更好的疗效。

3. 阅读疗法可以帮助保持治疗效果。为了避免治疗后的旧病复发，病人可以继续阅读并按小册子提供的材料来继续工作。

4. 阅读疗法能帮助预防。如果一个人定期阅读一些自助的书籍，那么一些问题可能就不会发生——一种思想灌输策略。

潜在优势给我们留下了深刻的印象，很难想象出它也存在着潜在的风险，但这确实存在。

自助疗法的潜在危险

巴雷拉（Barrera，1981）等人指出传统的疗法并非没有危险。例如，并非每个正在接受治疗的人的症状都会改善或维持不变——恶化效果的证据已经被找出来了。因此，审查自助方式跟审查标准治疗方法一样严格，这是非常重要的。巴雷拉等人列举

挑·战·你·的·成·见
第12章 阅读疗法真的有效吗？

了阅读疗法的三个潜在危险。

1. 在传统的疗法中，第一步是专家的评估。在自助疗法中，不合标准的评估是可能发生的。尤其当问题太严重，很难成为一个策略，或从本质上说它是生理的并非心理问题的时候，要试图自助是困难的。另外，许多自助策略被设计以用来改变他人的行为（如儿童管理书籍），因此对其他人来说，这扩大了不合标准的评估范围。

2. 即使这些标准是合理的，也会有出现"处方治疗法"的危险。或许比起处方疗法来说，有更多的自助方法存在。那么消费者该怎样选择处理特殊问题的最佳方法呢？

3. 最后，我们必须面对自助疗法失败的危险。这里的危险是指当前的治疗师并没有提出可供选择的策略或从其他方面来提醒患者。患者必须独自承受失败的重负，这样可能会使问题更加恶化。

这些危险会超过它的优势吗？这个问题在没有获得许多证据的前提下，是不可能仅凭普通感觉就回答出来的。在没有检验相关研究时，我们很有可能仅依据自己先入为主的观念来下结论。

自助书籍的观点

许多有关自助书籍的优势的观点都来自书籍本身。不幸的是，这些观点的许多证明常出现在书的封面和护封上，而不是出自书籍内容。杰拉尔德·罗森早在1976年就开始寻找自助法的经验验证，罗森对于这些验证的前景持悲观态度。他注意到没有被

挑·战·你·的·成·见
第12章 阅读疗法真的有效吗？

检验的书籍已经被销售出去，他用讽刺的语调写道："在当前时代，影响这些材料销售的唯一意外情况是金钱。"（1976，p.140）

1987年，罗森引用由马奥尼（Mahoney，1976a）所著的自助书为例，书名为《长期的重量控制》。同年，马奥尼发表了有关肥胖的学术评论论文（1976b），陈述道："我们还不能为对体重管理的自满作出辩解。体重大量减少的人仍然占少数，并且长期的保持仍很少被验证。"（p.30）在一封回信中，马奥尼（Mahoney，1988）承认他已经掌握了"相当一部分麦迪逊大道的心理学"（p.598），并且在他的观点中，"毋庸置疑，商业性因素（通常被出版商所强调）已经在产权、包装、自助书籍营销中扮演着强有力的角色。"（p.598）

罗森（Rosen，1988）重新探讨了另一本自助书籍《思维力量：你想通过心理训练得到什么》（Zilbergeld & Lazarus，1987），并且发现它的观点是夸张的。这是这本书的护封文字：

> 在这本有代表性的书中，两个国际知名的临床心理学家已经结合他们的专业知识提供了明确的战略和螺帽——螺丝钉技术，能够给你的生活带来新的力量……《思维力量》是第一本能为你展示使用这些技术对于设立目标，减少压力，提高技能、积极性和创造力是多么简单的书——换句话说，能帮助你塑造一种你想要的生活。（cited in Rosen，1988，p.861）

罗森（Rosen，1988）提到《思维力量》涵盖了如害羞、减肥、性焦虑、恐惧减除、自信和运动表现此类的主题。然而在评价这本书的技术方面，罗森发现证据只有非正式反馈却未经临床研究证实。因此，罗森把《思维力量》描述为"只是另一种未经

检验的主题为自我暗示催眠和图像技术的书"（p. 862）。

自助书籍的实验证据

两篇早期的评论文章调查了自助书籍及其评价，格拉斯哥和罗森（Glasgow & Rosen，1978）审查了86个行为方面的自助程序或手册，并发现74个有评价研究或个案报告，评估率在86%。在评论另外两年图书的价值时（Glasgow & Rosen，1979），他们发现了额外的73个项目，但仅43个有评价报告，评估率在59%。他们发现53%的项目根本没有被评估。格拉斯哥和罗森（Glasgow & Rosen，1979）呼吁要提高对项目评估的重视。然而在15年之后，罗森（Rosen，1993）仍然发现"大部分自助疗法从来没有被评估"（p. 341）。在1978年和1979年的复审中，格拉斯哥和罗森发现许多自助项目产生了有利的影响，尽管维持这些影响颇为麻烦。许多项目看起来至少需要少量的治疗援助。

斯科金、拜纳姆、斯蒂芬斯和卡尔霍恩（Scogin, Bynum, Stephens & Calhoon，1990）复审了对自我管理项目和其他治疗类型进行比较的40篇文章。他们发现自我管理疗法的影响高于无治疗（$n=17$）并且不同于治疗管理疗法（$n=10$）。施塔克（Starker，1988）在有关自助书籍方面调查了波士顿和圣迭哥的121位心理学家，结果表明73本（60.3%）指定的自助书补充了他们的治疗方法，虽然其中只有七本定期这样做，九本经常这样做。尽管这两项研究显示了令人鼓舞的结果，但是项目评估和心理学调查的数量还是相当少的。

挑·战·你·的·成·见

第12章 阅读疗法真的有效吗？

特定自助项目的失败

让我们来回顾一些自助项目会出错的特定例子。这并不意味着谴责全部自助项目，仅提供一些例子而已。

被治疗师成功管理的项目并不一定能成功地被自我管理。马特森和奥伦迪克（Matson & Ollendick, 1977）评价了阿兹林和福克斯（Azrin & Foxx）的《不到一天的厕所训练》（1974）。五位妈妈试图只使用书本训练孩子，而另外五位妈妈使用书本以及能有效提供监督和指导的专业培训者这两种方式培训孩子，结果表明，使用培训者的五位妈妈中有四位成功了，而只使用书本的五位妈妈中只有一个成功。同样地，在治疗早泄的研究上，蔡斯（Zeiss, 1978）报告了接受治疗管理疗法的六对夫妇都获得了成功，在使用自助手册并结合给治疗师打电话的六对夫妇中有五对成功了，而只使用自助手册的六对夫妇没有一对成功的。

自助努力的失败可能会使问题恶化或造成一个新的问题。马特森和奥伦迪克（Matson & Ollendick, 1977）叙述了与经过坐便训练的孩子相比，没有经过训练的孩子在很大程度上被证实为有脾气暴躁和退避行为。布劳内尔、黑克曼和韦斯特莱克（Brownell, Heckerman & Westlake, 1978）发现仅使用自助手册的被试减肥效果最差，不成功的减肥效果在精神上和身体上产生了危害，他们得出结论："一种非有效的减肥方式可能会比不减肥危害更大。"（p.594）

测试自助项目中小的变化可能会有重大的暗示作用。罗森、

挑·战·你·的·成·见
第12章 阅读疗法真的有效吗？

格拉斯哥和巴雷拉（Rosen，Glasgow & Barrera，1976）开发了一个项目用来帮助患者克服他们的惧蛇症。完成一个完全自我管理项目的患者和那些使用治疗管理者或者与少数治疗师接触的自我管理群体一起进行这个项目。然而自我管理群体中只有50%完成了这个项目。在后续的研究中，巴雷拉和罗森（Barrera & Rosen，1977）试图利用自我奖励契约与自助管理项目的结合来增加依从性。如果参与者一个星期完成作业，他们将会受到自我奖励，自我管理组中的50%完成了这个项目，但是受奖励组中没有一个参与者完成。因此，行为的操纵被用于增加依从性，却产生了完全事与愿违的效果。

违反批判性思维之处

使用批判性思维考虑自助书籍的表现价值，最主要的问题是违反了第三条准则（保持一种怀疑的态度）和第七条准则（检验有效的证据），因为消费者对这些书似乎很少有怀疑态度，很少有证据被检验。不幸的是，很少有研究被用来检测这些书。如果大众变得更加具有怀疑态度的话，那么作者就会开始检测观点的实证有效性。

思考先入为主的观念

你购买（或者阅读）过一本自助书籍吗？或是一盘自助录音带或潜意识暗示录音带？你是否想过购买这样的书或录音带但是

又下意识地抵制那个念头吗？无论哪种方式，你可能已经形成了一种先入为主的观念，认为那本书或那盘录音带可能或不太可能对你有帮助。因为先入为主的观念，你真的给那本书或那盘录音带一个公平的机会了吗？

结论

这一章带给我们一些不确定的结论。自助书籍有用吗？可能。所有的自助书籍都有利吗？可能并不是。所有的自助书籍都是对时间和金钱的浪费吗？不一定。

对于自助书籍，我们可以得出什么结论呢？可能最保险的结论就是不做出一个一般性的结论。《当代心理学》（CP）是一本评论心理学书籍的杂志。1981 年，CP 的编辑唐纳德·J·福斯（Donald J. Foss）写道，CP 以前并没有包含对自助书籍的评论，但是现在开始这样做了。杰拉尔德·罗森已经出任自助疗法协会的主席，他是一位咨询编辑，为评价列出准则，同时跟 CP 一起工作。罗森公开发表了他关于评论自助书籍的准则清单（1981），其中一些准则用来在个案基础上评估自助方法看起来也是合适的：

- 作者已经试图调查有关项目实证支持的准确信息了吗？作者是否已经确定读者已发展出准确的期望了吗？
- 书籍为自我诊断（从读者确定合适的应用这个意义上说）提供了一个基础了吗？并且自我诊断的方法已经经过评估了吗？
- 在书本上出现的技术已经得到实证支持了吗？

挑·战·你·的·成·见
第12章 阅读疗法真的有效吗？

- 为了保证临床疗效，我们对这些书籍进行检测了吗？在什么使用情况下进行检测？
- 鉴于以上观点，书中标题或内容里的一些观点的准确性如何？
- 被评估的书和其他有相同或相关话题的书之间能进行比较吗？（Rosen，1981，p.190）

这些准则可以让一个消费者客观地评价一些自助书籍、磁带或者治疗计划。正如不会使用一种未经测试的药物一样，批判性消费者也不会从一个未测试的自助项目着手。

批判性思维练习

1. 寻找有关安慰剂效应和自我实现预言方面的信息。这些概念与自助项目有关系吗？

2. 理查德·罗森写了一本题为《心理呓语》的书（1977）。罗森用"心理呓语"这个术语来表示看似包含着意义但实际上是空谈和无意义的"流行口号的启示"（p.3）。贯穿这本书，罗森举了一些例子，如"接触你自己"，"变得更加明智"，"现在我真的了解我自己"等。心理呓语可以被扩展为自助项目吗？为什么可以或为什么不可以？

3. 在有关自助书籍的实证证据这个部分，提及了施塔克（Starker，1988）对于评论这些书籍的心理学家的调查，产生了关于为什么如此多的心理学家建议把这些推荐给读者的三个假设。你赞同哪个假设？为什么？

挑·战·你·的·成·见
第12章 阅读疗法真的有效吗？

4. 假设你跟一个主修心理学的学生交谈，他告诉你他主修心理学的目的是为了帮助别人，但对"所有的研究资料"并不感兴趣。根据这一章中的信息，你会告诉他什么？

5. 去你的学校图书馆或者公共图书馆找一本自助书，利用这一章的信息去评价这本书及其项目。你可以向需要帮助的人评论这本书吗？为什么可以或为什么不可以？

第13章
社会影响策略

挑·战·你·的·成·见
第13章 社会影响策略

从孩提时代开始，我们就经常被那些试图影响我们的广告所包围。据迈尔斯（Myers，1999）估计，儿童一年大约观看两万多条商业广告。因此，这些广告对我们的潜在影响是极其巨大的。我们可以发现，当孩子们得到麦当劳的美味午餐、迪斯尼的玩具以及最新的芭比娃娃的装饰品时是那么地欢呼雀跃，因为他们经常在电视上看到这些产品的广告。作为成年人，我们相信我们不会轻易受这些企图的影响。然而，并不是所有影响我们的事情都是那么明显。一位著名的社会心理学家罗伯特·恰尔迪尼（Robert Cialdini），把自己当作一个即将上任的雇员，并且花一定的时间去参加销售培训会议、广告设计、社会关系和资金筹集，从中学习他们的有说服力的策略。恰尔迪尼（2001）总结了这些组织所使用的能产生社会影响的若干准则。下面我们就来看看，这些能产生说服作用的"狡猾"策略背后究竟是怎么一回事。

权威

由于职业的关系，很多人会令其他人更听从于自己，比如教师、家长、警察或其他有一定权威性的职业。广告战在很大程度上依赖于它们所传达信息的权威性。诚然，沙奎尔·奥尼尔（Shaquille O'Neal）是位优秀的篮球运动员，而且对篮球鞋也非常了解。但是，当他告诉我们早餐应该吃谷物还是汉堡的时候，

挑·战·你·的·成·见
第13章 社会影响策略

我们为什么又要听他的呢?

在一项检测医学博士影响力的研究中，赫夫林（Hofling）和他的同事们（1966）扮成身份不明的医生，给一家医院的护士打电话，命令他们给病人服用某种药物。该情形违反了正规医院护理的几个原则：

1. 该命令不是由主治医生亲自下达的。
2. 护士并不认识下达该命令的人。
3. 该药物的要求使用量是其最大使用剂量的两倍。
4. 在该医院，这种药物还没有明确是否可以使用。

然而，22个护士中有21个已经在往病人的病房走去，要给他们服用该药物，此时，赫夫林等人赶紧阻止护士的行动。

我们也尊重穿制服的人，有的时候这种尊重会逐渐形成一种不必要的社会影响。比克曼（Bickman，1974）让一个人去拦某个行人，并且向其索要10美分的停车费。拦截者有的穿上便装，有的穿安全护卫的制服。大部分行人（76%）照办了穿制服人的要求。对于穿便装的拦截者，只有30%的人服从他们的要求。这说明我们会不知不觉地受权威的影响。

登门槛效应

一些人利用登门槛效应来影响我们。所谓登门槛效应就是指请求者先提出一个较小的要求，然后再提出更大一点的要求。因此，为了让父母乐于掏钱，在你向父母要20美元的时候，先向他们要5美元，然后，突然想起你要的是20美元而不是5美元。这种"最低风险"的技术似乎在销售群体和广告战中备受青睐。你是否注意到这样一则广告：如果你愿意试驾一辆车或者看看房子，你就可以得到一份免费的礼物。这些都是登门槛效应的具体应用。登门槛效应是上门推销员所使用的一个久负盛名的策略，他们相信一旦他们可以进入他人的房门，那么东西就会好卖一些。

恰尔迪尼（2001）注意到，上述情况能产生影响，是因为一旦我们做了一种承诺，我们的行为就总是想与这个承诺保持一致。弗里德曼和弗雷泽（Freedman & Fraser, 1966）让一组被试去访问家庭主妇，并要求她们在院子里竖一个不是很美观的"小心驾驶"的大牌子，结果只有17％的人愿意这样做。另外一组是首先要求家庭主妇在门口竖立一个3英寸见方的"安全驾驶"的标志牌，许多主妇都乐意这样做。该组后来又要求她们在院子里放那个大的不太美观的标志牌，结果76％的人愿意这样做。因为她们之前已经答应放一个"安全驾驶"的牌子，为了保持自己态度的一致性，她们也同意了第二次的要求。

喜好

大量的现象表明，我们更倾向于喜欢在某些方面与我们相似的人。因此，如果一个售货员与我们有些相似之处（或者使我们相信与我们之间有一定的相似性），我们就更愿意买他们的产品。上大学之前，你访问的每所大学招生办的接待人员都会尽量取悦你，这样，在报考的时候，他们学校就会成为你的首选。因此，运动员乐于同运动员在一起；优秀的学生乐于同聪明学生在一

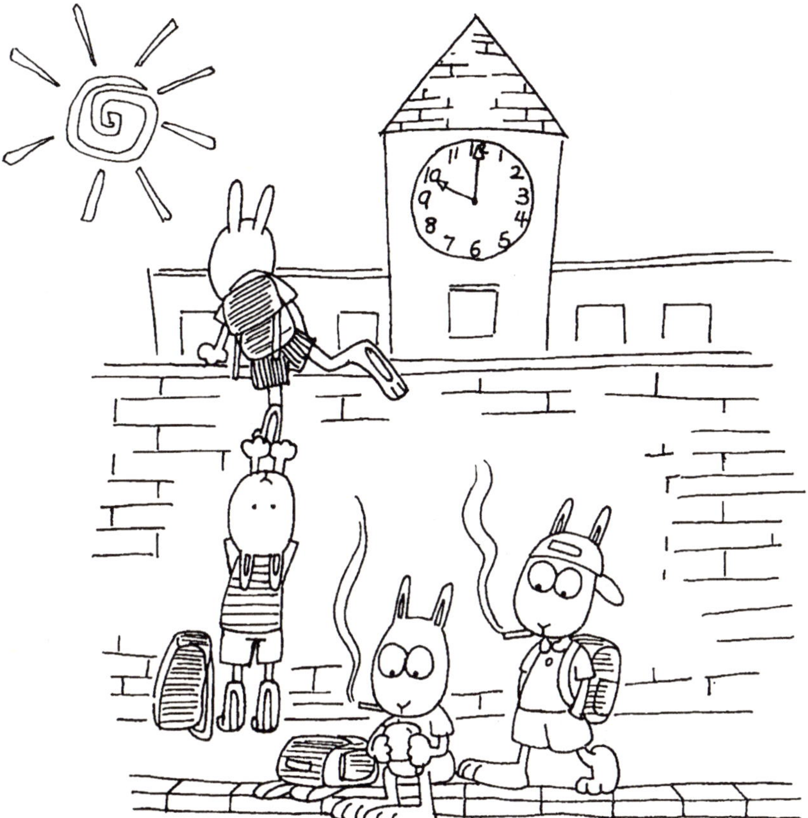

起；乐队里的成员则乐于和那些对乐队感兴趣的人在一起等等。

克兰德尔（Crandall，1988）在两个女生联谊会中测试了她们的友情模式，并且评估她们的疯狂程度（暴饮暴食）。克兰德尔发现，在一年里已经出现了稳定的友谊群体，这一点不足为奇。但是让人惊奇的是，与年初相比，这些友谊组在年末的时候具有更多相似的狂欢方式。该结果表明，友谊虽不是由相似的狂欢方式产生的，却可以由此促进它的发展。因此，相似性可以影响我们的行为。

贾尼斯、凯、基施纳（Janis，Kaye & Kirschner，1965）让两组被试阅读一些具有说服力的信息。其中第一组在阅读的过程中可以吃花生喝饮料，而第二组则不能。结果，与第二组被试相比，第一组被试更容易受所读内容的影响。由此看来，我们似乎应该警惕那些为了募集资金而免费宴请我们的组织或单位。也许一句古话说得好：天底下没有免费的午餐！

社会交换

在孩提时代我们已经学会了非正式的交换。想从你那捞钱的各种群体很早就已经知道这一原则了。你多长时间会收到一个没有价值的礼物（如在机场收到某宗教组织的一枝花或来自某个慈善机构的名片），但是这个礼物后面却紧跟一个请求？按照文明社会的准则，我们觉得有义务去回报这样一份礼物，因此，即使这些礼物既不是我们需要的也不是我们想要的，但我们仍会经常给他们捐一些钱。送礼物的人也不会再把礼物收回来，因为这样

挑·战·你·的·成·见
第13章 社会影响策略

做就破坏了社会交换原则。

按照社会交换原则，每到圣诞节的时候家里要寄的圣诞贺卡的清单是不是一年比一年长呢？"他们给我们寄贺卡，我们最好也要给他们回赠一张贺卡。"孔茨、伍尔科特（Kunz & Woolcott，1976）给很多陌生人寄了圣诞节卡片，尽管这些收到者并不知道是谁寄给他们的，但其中超过20%的人回赠了卡片。那些看起来地位高的人（某博士或某夫人）寄来贺卡的回赠率甚至更高。

里甘（Regan，1971）让两个被试在一项"艺术鉴赏"的研究中来评价若干艺术作品。第一种情况，其中一个人（通常是实验者的助手）在中间休息的时候出去了，回来的时候拿了两杯汽水，一杯是自己喝，另一杯给真正的被试。第二种情况，实验者助手中间休息回来没带任何东西。实验结束之后，实验者助手要求被试购买福利券，并且提到如果自己卖掉大部分福利券，就会获得奖赏。也许你能猜到，得到汽水的被试买的福利券几乎是那些没有得到汽水的被试的两倍。与预测被试喜欢实验者助手的程度相比，交换准则更能预测人们是否会购买福利券。

社会短缺

收藏家最注重的是有瑕疵的物品，如印错了的钱币、邮票，印有棒球队球员穿错队服的卡片等。通常情况下，这些东西都被视为垃圾，但是，正是由于缺陷的存在，它们才逐渐变得珍贵且具有收藏价值。

当短缺的假象呈现在我们面前的时候，就会产生隐晦的

挑·战·你·的·成·见
第13章 社会影响策略

影响。看看报纸或杂志，或者在购物区散散步，你能够看到多少"限时供应"、"最后的机会，请立即购买"、"清仓处理"这样的广告？设计这些方式的目的是为了让我们"赶快行动，否则就错过了"。如果我们不抓紧时间购买，将永远不会再有这样的机会了。例如，在20世纪90年代末期，迪斯尼乐园用"本世纪的最后一次放映"来作为《木偶奇遇记》的广告。回应理论告诉我们，我们对这种宣称"短缺"的事物会产生反应，而且会在"尚有时间"内购买该产品。

沃希尔、李、阿德瓦莱（Worchel, Lee & Adewole, 1975）在吃饼干实验中证明了这种社会短缺效应的影响。给每个被试一个饼干盒，有的装两块巧克力饼干，有的装十块，然后让被试评价饼干的质量。结果，他们认为装有两块饼干的那一盒更有吸引力、更贵也更渴望尝尝它们。另外一组被试先给他们装有十块饼干的大盒子，而后换成装有两块饼干的小盒子。与那些一直都只有装两块饼干的盒子的被试相比，该组被试对自己盒子里饼干的评价更高。与那些被告知饼干被数错了的被试相比，那些被告知使用大盒子是为了满足其他评价者要求的被试更喜欢这些饼干。因为他们会认为其他人喜欢的这种数量稀少的饼干一定真的好吃！

社会依据

如果你准备去一个你以前从未去过的地方，那么你就会打听那里的人会穿什么衣服。我们通过确定别人想法的正确性，再利

挑·战·你·的·成·见
第13章 社会影响策略

用这种社会依据模式来确定什么是正确的。社会依据这种方法是我们用来探讨在社会中如何更好生活的常见方法。在我们发现自己处在一个陌生环境的时候，我们总是模仿他人的行为，跟随他们的步伐。当我们对环境缺乏一定分析或思考，而只是一味地效仿他人的时候，就会不知不觉地发生社会依据效应。你每隔多久就会听到某种商品自诩是同类商品中最畅销的一种呢？意思很明显，基于社会依据，我们就应该购买这种产品。

拉塔内、达利（Latané & Darley，1968）在一个很巧妙的实验中证明了社会依据的影响。他们让男大学生完成一个问卷，有的是独自在一个房间，有的是在一个还有其他两个人的房间。被试开始做问卷不久，实验者就开始通过一个墙洞向房间里吹烟，其目的是看看被试在多短的时间里发现有烟雾（吹烟时间限制在六分钟内）。在独处条件下的被试，75%在限时即将结束的时候报告有烟雾，其中有一半是在两分钟之内发现的。相反，在多人组中，62%的被试在这整整六分钟内继续做问卷，而只有一个人在不到四分钟的时候报告有烟雾。尽管在六分钟末的时候房间里的烟已经非常浓以至被试开始咳嗽并且都看不太清楚了，但是该实验结果确实如此。另外一种实验条件是被试和两个实验助手在同一个房间，不管被试对烟雾的反应如何，这两个实验助手都毫无反应。在这种情况下，10%的学生报告有烟雾。如果房间里两个人对烟表现出毫不关心的样子，那么很明显，对被试来说这足以构成了一种社会依据。这似乎说明，即使社会依据会致命，我们仍然信赖它。

挑·战·你·的·成·见
第13章 社会影响策略

违反批判性思维之处

那些认为我们不受社会影响的观点违反了第四条准则（从观点中区分出事实）。我们倾向于相信自己的力量而不去考虑其他材料的影响。本章的研究结果应该能帮助我们来面对这样一个事实。我们也很遗憾没有用到第六条准则（进行逻辑推论）。事实上，如果我们看到周围的人都被影响了，还认为我们可能是某些免受影响的人，那么这显然不是很合逻辑。如果其他人都沦为这些影响的牺牲品，我们以为自己也会如此，那么这就符合逻辑了。

思考先入为主的观念

如果我们有这样一种先入为主的观念，认为我们能抵制得住任何企图影响我们的东西，并且做出自己的选择，那么我们可能是在自欺欺人。事实表明，不管我们喜欢与否，我们都不得不承认：每次的抉择并不完全是由我们自己决定的。我们的行为总是受他人的影响。

我们不受任何先入之见的影响是不可能的。原因在于，如果我们相信不受任何事物的影响，那么我们就与批判性思维背道而驰了。如果我们不去剖析观点、分析那些企图说服我们的言语，我们将会更容易受它们的影响。

挑·战·你·的·成·见
第13章 社会影响策略

总结

本章主要强调了社会环境的作用——戴维·迈尔斯（David Myers）称其为社会心理学的伟大课程（1993，p.214）。正如你所看到的恰尔迪尼的社会影响原则，它说明了社会环境中的每一个因素是如何限制我们行为的。

有可能抵制社会影响吗？我们能够不受其他任何影响做出自己的决定吗？事实表明，对于上述问题的肯定答案确实存在，但是，很显然那只占很小的一部分。在某种情况下，抵制社会影响看起来的确是可能的，然而这中间有很多的可变因素，任何不同的环境都可能打破这种自主性。你必须抓紧时间批判性地分析某一情境，然后决定该情境下的社会影响是否对你产生作用。一旦你意识到正在发生什么事，那么你就会少受有说服力的企图的影响。然而，当你被这些方法中的一种所迷惑的时候，你也不要沮丧。恰尔迪尼有一本书，里面写了很多有趣的不受别人影响的例子。就写到这吧——你要不停地思考和分析，直到成为一个抵制社会影响的专家。

批判性思维练习

1. 基于本章的知识，如果要变得对社会影响更有抵抗力，你会采取哪些措施？

2. 回忆自己所受的一次社会影响，描述一下当时的情形。是

挑·战·你·的·成·见
第13章 社会影响策略

哪些原则削弱了你的抵抗力？根据你现在的知识，如果同样的情形再次出现的话，你会在哪些方面有不同的表现？

3. 设想一个汽车销售员在向你推销一辆车，该推销员可能会用哪些方法？你怎样设法避过这些策略？

4. 杂货店为什么会给人们一些产品的免费试用品呢？他们用的是哪一条社会影响原则？在这种情况下，你的行为是怎样被约束的？

5. 假设你看到一辆售价1 250美元的汽车，它是私人登的广告，你很想买这辆车，但是你只有1 000美元。你将怎样试图去影响并让卖家把价格降到1 000美元，使你可以买得起这辆车（不要做任何不合法的事）？

POSTSCRIPT
译后记

如果你想了解心理学，请你阅读这本书，因为书中蕴藏着丰富的心理学知识。如果你想像所罗门王那样擅于思考，请你阅读这本书，因为它会教导你如何去批判性思考。如果你想更好地生活和工作，也请你阅读这本书，因为其中的宝藏会让你终身受益。

在这个信息发达的时代，我们可以足不出户便一览大千世界。然而，事物总是具有两面性，我们在疯狂享受快捷信息的同时，却陷入了另一个陷阱之中——很难分辨真假。我们要么盲目地接受外界的信息，要么戴着一副有色眼镜审视这个世界。现在是摘下有色眼镜的时候了。《挑战你的成见——心理学批判性思维》便是一本教导你如何批判性地思考、如何去伪存真的自助书籍。在翻译和审校的过程中，通过反复研读和学习，我认为它具有以下明显的特色：

一、内容新颖

这本书不仅告诉我们什么是批判性思维，还传授给我们成为批判性思维者的七大法宝。如识别固有的偏见和假设，保持一种怀疑的态度，区分见解和事实，等等。它并不是单纯的说教，而是采用了大量新鲜有趣的实例来纠正我们日常生活中存在的一些偏见。本书的覆盖面相当广泛，不仅涉及心理学的研究内容，如催眠、解剖学、感知、记忆、智商、学习、动机、变态行为、社会心理等，而且涉及心理学的研究方法，如怎样阅读、统计、测验，等等。

二、结构清晰

本书的每一章都由以下几大版块组成：问题提出、实例展示、违反批判性思维之处、思考先入为主的观念、总结以及批判性思维练习等。这些版块完整且详尽地阐明了每一章所要表述的问题和基本理念。例如，在"违反批判性思维之处"中，作者会特别指出本章中哪些说法违反了批判性思维的准则，如何违反以及如何加以纠正。特别值得一提的是，每章的最后一个版块，即"批判性思维练习"，这可以说是作者留给我们的自助作业，让我们带着问题更进一步地理解批判性思维。

三、文笔流畅

不要以为心理学书籍都是晦涩难懂的。读完这本书，相信你和我的感觉一样：这是一本通俗易懂的书，读起来一点都不困难。在本书最初设计时，作者的定位便是将其作为心理学的入门参考书，因此书中没有太多生涩的专业术语，没有冗长的长篇大论，整本书一气呵成。总之，这本书能让人们在阅读的审美享受中学会各种批判性思维技能。

四、关注现实

这本书着眼于我们生活中最熟悉的现象，紧密联系现实生活，从人们最关注的话题和最容易忽略的视角带给我们震撼的同时，让我们有更大的空间去思考。正如作者所言：本书就是要把

挑战你的成见
译后记

我们所学到的批判性思维技能与现实生活中的实例联系在一起。这种关注现实的做法不仅改变了我们以往看问题的方法和视角，而且教会我们如何去批判地看待周围的人和事。

随着时代的变迁和社会的发展，人们对他人的批判和对自己的纵容，似乎进入了一种怪圈。而《挑战你的成见》这本书就是在一次次的质疑和寻求答案中，阐述了批判性思维的有效行为策略，人们可以借助这些行为策略使得自己的生活和工作更加完美。

批判性思维不仅是一种理论，也是一种技能；不仅是一门科学，也是一门艺术。作者在写作中紧密联系生活实际，做到了宏观与微观相结合、理论性与实践性相结合、学术性与实用性相结合，使全书融理论性、可读性、实用性和操作性为一体。无论你是学生、教师、普通群众还是国家公务员，只要你还在思考着，还在生活着，那么你就应该接受批判性思维的洗礼，它可以帮助你更好地学习、工作和生活。正如作者所言："心理学需要批判性思维，生活也需要批判性思维。"

《挑战你的成见》一书的翻译工作前后经过初译、初校、复校和审校四个阶段。首先由我统一了术语对照表，我指导的研究生完成了初译工作，分工如下：王维娜（第2章、第5章、第6章、第7章、第9章、第10章）；顾雯雯（第1章、第12章）；陶婉（第4章、第11章）；涂涛（第3章）；张志峰（第8章）；朱敏（第13章）。初校工作由我和王维娜完成。最后由我完成复校和审校工作。陈理、孙裕如、罗利爽、汪强通读了全书清样稿，提出了一些具体的修改意见。对他们付出的劳动，在此深表

译后记

感谢！感谢中国人民大学出版社李颜编辑付出的辛勤劳动，感谢中国人民大学陈红艳编辑给予的帮助。本书的翻译得到安徽师范大学心理学省级教学团队和心理学特优强专业建设项目的资助，在此一并表示感谢。

方双虎

2010 年 4 月 20 日

Challenging Your Preconceptions: Thinking Critically about Psychology,
Second Edition
Randolph A. Smith
Copyright © 2002 by Wadsworth Group, a part of Cengage Learning.

Original edition published by Cengage Learning. All Rights reserved. 本书原版由
圣智学习出版公司出版。版权所有，盗印必究。

China Renmin University Press is authorized by Cengage Learning to publish and distribute exclusively this simplified Chinese edition. This edition is authorized for sale in the People's Republic of China only (excluding Hong Kong, Macao SAR and Taiwan). Unauthorized export of this edition is a violation of the Copyright Act. No part of this publication may be reproduced or distributed by any means, or stored in a database or retrieval system, without the prior written permission of the publisher.

本书中文简体字翻译版由圣智学习出版公司授权中国人民大学出版社独家出版发行。此版本仅限在中华人民共和国境内（不包括中国香港、澳门特别行政区及中国台湾）销售。未经授权的本书出口将被视为违反版权法的行为。未经出版者预先书面许可，不得以任何方式复制或发行本书的任何部分。

Cengage Learning Asia Pte. Ltd.
5 Shenton Way, #01-01 UIC Building, Singapore 068808

本书封面贴有 Cengage Learning 防伪标签，无标签者不得销售。

北京市版权局著作权合同登记号 图字：01-2004-1380

图书在版编目（CIP）数据

挑战你的成见——心理学批判性思维（第二版）/（美）伦道夫·A·史密斯著；
方双虎　王维娜　等译
北京：中国人民大学出版社，2010
（心理自助译丛）
ISBN 978-7-300-12030-0

Ⅰ.①挑…
Ⅱ.①史…②方…
Ⅲ.①思维科学
Ⅳ.①B80

中国版本图书馆 CIP 数据核字（2010）第 067502 号

心理自助译丛
挑战你的成见
　　——心理学批判性思维（第二版）
［美］伦道夫·A·史密斯　著
方双虎　王维娜　等译
Tiaozhan Ni de Chengjian

出版发行	中国人民大学出版社	
社　　址	北京中关村大街31号	邮政编码　100080
电　　话	010-62511242（总编室）	010-62511398（质管部）
	010-82501766（邮购部）	010-62514148（门市部）
	010-62515195（发行公司）	010-62515275（盗版举报）
网　　址	http://www.crup.com.cn	
	http://www.ttrnet.com（人大教研网）	
经　　销	新华书店	
印　　刷	北京山润国际印务有限公司	
规　　格	160 mm×230 mm　16 开本	版　次　2010年5月第1版
印　　张	13 插页 2	印　次　2010年5月第1次印刷
字　　数	109 000	定　价　32.00元

版权所有　　侵权必究　　印装差错　　负责调换